人生上等！
未来なら変えられる

北尾トロ

集英社インターナショナル

家出後、中学生コンパニオン時代の
廣瀬（左）と親友のすず。

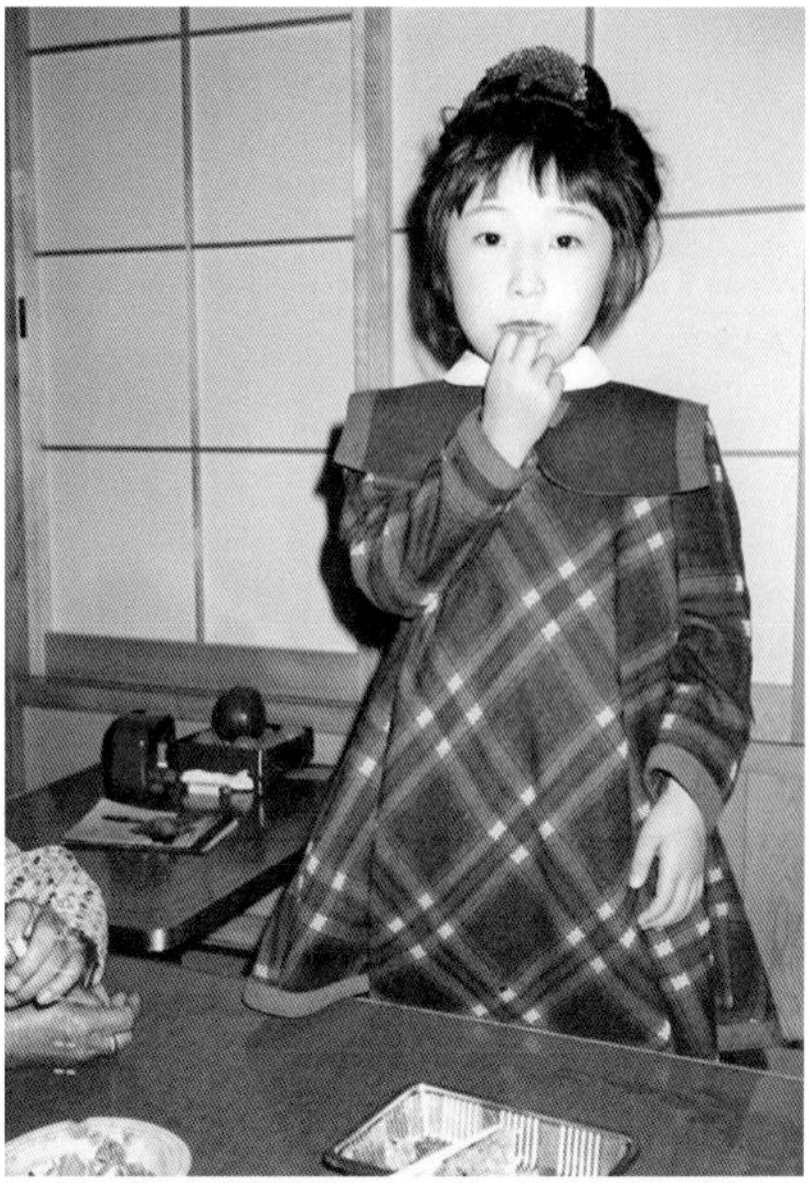

幼少期は、何不自由なく育った。

栃木最強を誇ったレディース暴走族『魔罹唖』前列右が初代総長の廣瀬。

後輩たちと。怖いものなど何もなかった。

いかつい男たちを引き連れて社員旅行へ。

誕生日を祝福される廣瀬は社長兼〝みんなの母ちゃん〟だ。

少年院・刑務所専用求人誌『Chance!!』の
三宅晶子編集長とは〝戦友〟と呼び合う仲に。

従業員たちとうまくやるコツは、
胃袋をつかむこと!
料理しながら、トラブル処理の
携帯も手放せない社長業。

給料はひとりひとりに手渡し。「あんた、悪いことやってないでしょうね?」

はじめに

僕がこれから書こうとする話の主人公は、栃木県栃木市で建設請負会社を経営する廣瀬伸恵《ひろせのぶえ》という女性だ。会社の名前は㈱大伸《だいしん》ワークサポートという。

といっても、大半の人は聞いたことがないだろう。建築や解体の現場仕事を請け負う会社はごまんとある。規模も社員三〇～四〇名と小さい。

廣瀬と初めて会ったのは三年ほど前、雑誌の連載コラムを書くための取材でだった。僕は二〇〇〇年代初頭から裁判所に通って傍聴記《ぼうちょうき》をたくさん書いてきたが、そうするうちに有罪判決を下された被告人が刑務所を出てからどうしているかということに興味が出てきた。

一度ならず二度、三度と事件を起こして捕まる被告人が多いのだ。再犯率が高いのである。しかも、「出所しても仕事や住むところがないので罪を犯してしまった」と話す被告人が結構いる。刑務所に再入所する人の七〇・九%が再犯時に無職なのだ（法務省発行の『平成三一年・令和元年　矯正《きょうせい》統計年報』）。

裁判の目的は罪を犯した人に罰を与えることだと思われがちだが、本来はそうではなく、刑務所で更生後、再出発させることにある。にもかかわらず出所者たちが社会復帰しづらいのは更生システムがうまく機能していないということで、その現状を知るために取材を始めた。対象は服役を終えて出てきた人（出所者）をサポートする民間団体や個人。とくに働き口となる企業の代表に話を聞きたい。

ハローワークに募集を出し、犯罪歴のある人（非行少年を含む）を雇用して再出発を助ける民間の事業主は協力雇用主と呼ばれ、法務省ではそうした企業に助成金を出すなどしてバックアップ体制を作っている。でも、登録数が約二万四〇〇〇社あるのに、実際に雇用を行う企業は約一四〇〇社程度と少ない（法務省発行の令和四年（二〇二二年）版「協力雇用主に対する支援制度パンフレット」より）。その中の一社が廣瀬の会社で、取材対象者に選んだ理由は、先に取材した人の推薦だった。

わずか二ページの連載コラムなので、挨拶などを除くと正味一時間程度の取材だったが、終わるころには脳が痺《しび》れたようになっていた。出所者を雇う理由やその方法、受け入れ態勢、巻き起こるトラブルと解決法など話題は多岐にわたったが、そのせいではない。説明のためにちょくちょく差し挟まれるワードがやたらと強烈なのである。

暴走族、覚せい剤、逮捕、女子刑務所、獄中出産……。気になって仕方がないが、メインテーマは出所者についてだから詳細までは聞けない。聞いたとしても書ききれないのは目に見えていた。

それ以前に、僕はビビったのである。目の前にいる四十代になったばかりの女性社長の口から、昨日の夕食に何を食べたかを話すような軽さで犯罪臭たっぷりの単語が頻出することに。そんな人に、かつて会ったことがない。

いったいどこまで本当の話なのか。「昔は悪かったんで」とニコニコ笑っている廣瀬には、なんともいえない風格、大物感が漂っているが、同時に明るくて冗談の通じそうな人でもある。僕がビビっているのを見透かして、わざと話を盛ったのではないだろうか。帰り際に「まさか信じてないですよね」と言いかねない雰囲気がある。

そんなこともなく帰途につき、無難にコラムをまとめたが、録音データを聴き込んでも廣瀬がやってきたこと、やろうとしていることの全貌をつかめた気がしない。そのことが喉《のど》につかえた魚の小骨のように僕の中に残った。彼女自身が刑務所に入った経験が、出所者の雇い入れにつながっているらしいことはわかるけど、どうしてそんなことができたのか、そこに至るまでの経緯を聞き逃しているために不明なままなのだ。大失敗である。

だからだろう、連載を終えて次は何をやろうかと考えたとき、すぐに彼女の顔が浮かんできた。家の事情で、それまで住んでいた長野県から埼玉県に引っ越すことになったのも、彼女に呼ばれているのだと考えた。取材を申し込んだのは、コロナ禍が始まった二〇二〇年春のことだ。

ひさしぶりに連絡し、生まれたときからの話を聞きたいと言うと、即座に「いいですよ」と返事が来た。あっさりOKだ。僕に人生を語っても何のメリットもなく、ヤバい過去を書かれることにもなる。取材を申し込んでおきながら妙なことだが「本当にいいんですか」と確かめた。

「私、隠し事はしないと決めてるんで構いません。身内や友人、社員については名前を出さないでと頼みたい人もいるけど、それ以外は書いちゃってください。ほかの取材でも喋《しゃべ》ってますよ」

廣瀬の波乱に満ちた人生に興味を持つテレビや新聞が増えてきたのだという。会社の経営で多忙なところへ僕の取材まで重なれば迷惑になりかねないが、引き受けることにしたのは廣瀬なりの理由があった。

「刑務所に服役していたとき、北尾さんの本を読んでゲラゲラ笑っていたんです。（刑務所の）中で笑いは貴重ですから。その人が私に興味を持つのだとしたら協力します。本になって受刑者に読まれたら最高ですね」

このときほど裁判傍聴記を書いて良かったと思ったことはない。

正式な申し込みをするため会いに行く。僕の家から車で高速道路を使って一時間半の距離だった。これなら十分に日帰り可能だ。廣瀬には小学生の娘がいるので、取材は昼間、自宅で行うことも決定。気が済むまで通っていいと言われ、ますますやる気がみなぎった。

せっせと通う以外に必要なものはないだろうか。ある。特殊な体験談であればあるほど写真が必要ではないか。さらに欲を言えば、感想をぶつけ合える相棒もいるといい。傍聴席で聞いているだけとはいえ、僕は犯罪者に慣れていて、それが不安だったからだ。コラムの取材時、僕は断続的に降り注ぐ聞きなれないワードに不意打ちを食らった。一歩踏み込んだら引き込まれて抜け出せなくなりそうな予感がしてブレーキをかけた。あのときの、なんとも言えない気分を忘れたくない。修羅場を潜《くぐ》り抜けてきたであろう廣瀬のパワーには、こちらも偏見や違和感を隠さず、ごく普通の常識ってやつで対抗するのが一番である。

これるときだけでいいからと、詳しい説明もせずに強引に誘ったのは、三十年来の友人であるカメラマンの中川カンゴロー。「それならいいよ」と返事をもらったら相棒になったも同然だ。僕たちはともに六十代の初老オヤジで、不良だったこともなければ誰かと殴り合ったこともなく、犯罪とは無縁に暮らしてきた。廣瀬が暴れまくっていたであろう一九九〇年代は、若者の流行についていけなくなっていた時期。シワは寄っているけど、まったくの手探りで彼女の話が聞けるという意味では逆にフレッシュなのだ。

廣瀬に紹介するためふたりで栃木へ向かった日、さっそくカンゴローが〝世間の目〟を発揮してくれた。会社の前から廣瀬に電話して自宅まで先導してくれるクルマを待っているとき、社用車で現れた社員を見てささやいた。

「見た？　あの人、前歯が二、三本ないよ。なんか急に不安になってきたけど、それって社用車を運転するのは身なりのきちんとした人だという決めつけがオレにあるせいかな」

こんなふうに始まった取材は月に一度か二度のペースで一年間続いた。それは前歯の欠けた社員と気軽に話ができるようになり、ＬＩＮＥを交換し、「いつかじっくり話を聞かせてよ」「いいっすよ」と約束したのに、社内でもめ事を起こしてどこかへ消えてしまうくらいの期間である。かと思えば、失踪した社員が出戻ってきて、また失踪して事件を起こし、裁判沙汰となるまでの期間でもある。

廣瀬の記憶を手繰り寄せながら話を聞き、三人がかりでひとりの人生を浮き彫りにしていく作業をしていると、彼女が通り過ぎるところにいつも流れていたヒリヒリした空気の匂いが蘇《よみがえ》ってくる気がした。

では、そろそろ話を始めよう。レディース暴走族『魔羅唖《マリア》』の初代総長・明美《あけみ》が、〝不良息子〟たちを救う母ちゃん『マリア』になっていく激しくも逞《たくま》しい物語。ジェットコースターに乗ったつもりで、振り落とされないようについてきてほしい。

［著者からのお断り］

本書では、第一章の途中から廣瀬伸恵の通称である「明美」という呼び名が使われています。十代の半ばから「明美」と呼ばれ続け、家族や役所関係など、ごく一部の人を除き、現在も、社員ですら「明美さん」と呼ぶほど定着した通称で、本名で呼ばれると本人が戸惑うほど。そのため、本文中では「廣瀬」と「明美」を併用しました。

人名について、取材対象者にはそれぞれ事情があり、本名を出しても構わないという人もいれば、できればそれは避けたいという人、いまでは連絡がつかない人もいました。そのため、登場人物の一部は仮名やニックネームでの表記となっています。

目次

第4章　私は決して見捨てない　171

第1章 悪の道

1 ひとりぼっち

実家の庭で祭りを開催

廣瀬伸恵が生まれたのは一九七八年八月二四日。新東京国際空港（成田国際空港）が開港し、日中平和友好条約が調印された年だ。若者の間ではディスコブームが起き、原宿では竹の子族が注目を浴びていた。人気絶頂だったアイドルグループのキャンディーズが、「普通の女の子に戻りたい」という名言を残して解散した年でもある。

出生地は現在も暮らす栃木市内。両親と三歳違いの姉の四人家族。父は多いときには七、八人の従業員を使う鉄工所を営んでいた。母は事務を手伝うこともあったが、基本的には専業主婦で家にいる。会社の工場とは別に、自宅の敷地が六百坪あったという。

「父は朝早く出かけて夜遅く家に帰ってくる典型的な仕事人間。私が生まれたときにはすでに亡くなっていた父方の祖父が、とても貧乏で苦労したと聞きました。父はそれが悔しくて、まじめに働いて会社を起こしたみたいです。だから私は何不自由なく、姉ちゃんのお下がりを着せられることもなく育ててもらっていたんです」

人もうらやむお嬢さんとして人生をスタートさせたのだ。

「そうなんですよね、すごい金持ち。その後の荒れっぷりから悲惨な幼少期を送ったんじゃないかと思われたりするんですけど、まったく違うんでガッカリされたりする。いったい何を期待してるんだって話なんだけど、あはは」

父が地元に貢献したかったのか、あるいは金持ちアピールだったのか、自宅の庭を使って夏祭りを主催するのが恒例となっていたそうだ。

「やぐらを組んで、お囃子《はやし》の人を呼び、露店まで組んで地元の人を招待する。全部無料で奉仕。そんな派手なこともしていたので、『うちって裕福なんだな』とは思ってました。あの、こんな話でいいんですか？」

廣瀬は自分の幼少期に僕やカンゴローの興味を惹《ひ》く出来事はないと思っているらしく、先を急ぎたそうだった。今日に始まったことではない。雑談をしていてもそういう気配が感じられるのだ。記憶をほじくり返されたくないというより、幼少期に関心が薄いのだろう。

彼女にとって、人生が本格的にスタートするのは自分の意思で行動し始めた中学時代以降。その時代に話が及ぶと一気に饒舌《じょうぜつ》になる。そのため、金持ちのお嬢さんが中学生になった途端、手のつけられない不良に変身したような印象を受けてしまう。が、急に人が変わった理由を尋ねても、廣瀬の答えはあいまいだ。

「悪いことが楽しかったのかな。勢いでなんとなく、そうなってしまったんですよ」

そんなことがあるだろうか。軽犯罪ならわからないでもないが、彼女はその後、地元に名をとどろかせる伝説の不良になっていくのである。

大伸ワークサポート（以下、大伸）で働く出所者には、貧困や家庭内暴力など家庭環境に問題のあった人が多い。雇う立場になって、廣瀬はその根深さに気づいたという。だとすれば、彼女自身の幼少期にも何かあっておかしくない。そこをほったらかして先を急ぐと、すべての話がわからなくなってしまいそうだ。

「オレもトロさんと同じ意見。ちょっと変わったやり方だけど、三人で廣瀬さんのルーツ探しをしましょうよ」

カンゴローの提案がおかしかったのか、廣瀬が手を叩《たた》いて笑った。

「それ、いいかも。どうして自分がこんな人生を歩むことになったのか、私も知れるものなら知りたいです」

父は仕事人間、母は宗教に熱中

心当たりは本当にないのだろうか。

「うーん、悪くなったのは自分のせいだから……。直接的な原因があるとしたら両親の仲が悪くなったことかな」

平穏だった家庭の雰囲気が変わってきたのは小学五年生のときだったという。夫婦ゲンカが絶えなくなり、両親が在宅しているときはふたりの様子をうかがいながら過ごすようになった。

「大ゲンカするんですよ。お母さんが刃物を持ち出して『殺してやるー』と叫ぶのを、やめて、やめて、と思いながら自分の部屋に逃げていたなあ。母のは単なる脅《おど》しで、実際に刺すとか警察沙汰とかはなかったんだけど」

大騒動ではないか。両親の不仲で私の心は壊れましたと言われたら信じるレベルだ。

思い返すと、ケンカのもとは母の浪費にあった。専業主婦なのに家事をしなくなり、カードを使って月に百万単位の買い物をするようになったのである。母は派手好きで、水商売系のキラキラした服や、当時流行していた鰐《わに》革や蛇《へび》革の小物を好み、飲み歩くのも好きだった。一九八〇年代後半はバブルの絶頂に向かって日本中が浮かれていた時代。その気になれば大金を使うことなどたやすい。父は酒好きでも、飲んで暴れるようなことはなかったが、「誰のおかげで生活できてるんだ」と嫌みのひとつくらいは言っただろうと廣瀬は思っている。

といって、一方的に母が悪いとも思っていない。家事も子どものことも任せきりで仕事ばかりしている父に対する不満や寂しさが母の根本にあり、酔ったときなどにそれが爆発したのだと推測する。

こうして、廣瀬家から一家団欒《だんらん》の時間が消えてしまった。悲しかったが、どうすることもできなかった。

では、それ以前はどうして平穏だったのか。廣瀬には思い当たるフシがある。

「うち、創価学会やってたんですよ。母方の祖母が熱心だったみたいですが、その影響もあって父と母も熱心にやっていました」

これも初めて聞く情報である。両親が所属していた地区の青年部ではしょっちゅう会合などがあり、夫婦そろって出かけたりもしていたそうだ。廣瀬と姉も学会員になり、少年部に連れていかれたこともあったという。

目に見えないものはあまり信じたくないと姉妹の意見が合い、信仰心が深まることはなかったけれど、両親は信仰を通じて価値観を共有できていたことになる。

ただ、それも長くは続かなかった。父が仕事のときは母だけ出かけてしまい、帰りが夜遅くなることが増えていく。夫婦のきずなを深めていたはずの信仰でも歩調を合わせることが難しくなっていったようだ。

父は夜遅くまで仕事、母は会合などで家にいないので夜はもっぱら留守番。だいたいはテレビでドリフターズのコント番組やアニメ、歌番組を観て時間をつぶした。ほかには何をしていたかと尋ねても「うーん」と黙り込んでしまう。何かに熱中していた記憶がないのだ。

「とにかくつまらない毎日を送っていたとしか言えない。学校は好きだったのね。勉強は苦手だけど友だちもいたから。問題？　起こしてないのよ。小学生時代はまじめで授業もちゃんと受けるタイプだった。でも家ではね……。めずらしく両親がいると思えばケンカでしょう。それが嫌だから、私も姉も親がいるときは自分の部屋にこもってる」

ケンカが収まると、仲直りに一杯やるのか、両親はどこかへ出かけてしまうので、親が不在のときのほうが落ち着いた時間になっていった。留守番中、姉妹で遊ぶこともほぼなかったという。姉が小学生の間は退屈な夜を分かち合うように一緒にテレビを観たりもしたが、この年代の三歳差は大きい。姉はマイペースな性格で、干渉したりされたりするのを嫌うタイプ。中学に進学すると勉強好きで成績が良いこともあって、自室にこもって自分の世界を作るようになっていったのだ。そうすることで暗くなっていく家の雰囲気に抗《あらが》うとともに、早くも卒業後の進路や将来のことを考えていたのではないかと廣瀬は想像している。

いったん仲直りしたように見えても、しばらくするとまたケンカになるのは、解決に向けた歩み寄りがないからだろう。父の帰宅は遅いまま、母の浪費もぶり返す。どちらも悪いのは相手だと思っていたら、またケンカになるのは避けられない。

両親が家にいるときは常に緊張状態、いないときは退屈。小学校の五、六年時はこんなふうに過ぎていった。

「多感なときでしたから、母が包丁持って父を追いかけるのを、信じられない光景というよりは、『えぇ？』とドン引きしながら見ている子どもだった。『嫌だなこの家。ここにいたくない』と思ったし。でも寂しいんだよね、どうしても。私、両親をそれほど悪い親だとは思わないですよ。虐待なんてされたことないもん。まあ、結局うちの親、別れてしまうんですけど」

これでひと区切りというように、廣瀬が息をつく。これが自分の原点というには無理があると言いたげな醒《さ》めた横顔だった。

バラバラな家族

僕とカンゴローは、それぞれの頭に浮かんだ疑問を、夜の東北自動車道を走る帰り道に話し合うことにしていた。思い違いやひとり合点《がてん》を防ぐには、オヤジ同士、ない知恵を絞るしかないではないか。

さっき聞いたのは廣瀬の目から見た当時の状況で、親には親なりの言い分があるだろう。姉のクールな立ちふるまいも、姉のことをそう感じていただけの話。ただ、それらを差し引いても、僕には不思議に思えることがある。家族の一体感があまり感じられないというか、バラバラな印象を受けるのだ。

僕は待っていたのである。家族旅行はどこへ行ったとか、姉と一緒に泣きながら夫婦ゲンカを止めに入ったとか、家庭内の安定を図るべく家族会議が開かれたという話を。でも、とうとう最後まで聞くことはなかった。

「たしかにそれはある。我々だったらどうかと考えると、幼少期の話をするときには楽しい思い出やくだらない失敗談が中心になると思うんだけど、そこがスッポリ抜けてるよね。姉ちゃんと取っ組み合いをしてオヤツを奪い合ったとか、遊園地に行ったとか、そんなエピソードを聞きたかったよ」

きっとあったと思う。でも出てこない。だとすると、問題はあったかどうかじゃないのだ。あったとしても本人の心に残っていないのが、廣瀬家の暗部を象徴している気がしてきた。

「オレは最初、両親の不仲が非行に走るきっかけだったかなと思った。ここにいたくないと思っていたわけだしね。だけど一方で、人間ってそんなに単純なものかなとも思う。だって廣瀬さん、親のことをそんなに非難していないよね」

そうなのだ。それどころか、親のせいだと思われるのを避けるように、かばうようなことまで口にするのをカンゴローも聞いただろう？

「悪くなったのはすべて自分のせいだと言うよね。あの潔《いさぎよ》さは、本気でそう思っていないと出てこない」

そうなると、裕福な家庭で生まれて何不自由なく育ったまじめな女の子が、両親の不仲で心をこじらせてストレスをため、中学生になった途端、人が変わったように悪の道に染まっていくというストーリーは、あえて説明するならそうなる程度のことなのか。僕には淡々と語られる小学生時代の中に、その先につながるカギが潜んでいるように思えてならないのだが。

「廣瀬さんの芯《しん》となる部分を発見できるかどうかで我々の腕が試される、と」

悪いことをたくさんしてきた彼女が、いまでは人にほめられるようなことをしている。その急激な変化を見て人は驚くが、そこには〝こんな一本の線〟が通っているのだと言ってみたい。

「廣瀬さん、夕食の準備は済んだかなあ」

我々が話を聞いている自宅のリビングを、廣瀬は社員にも開放している。そればかりではなく毎日食事を作って、希望者にふるまうのだ。大伸は建設現場の請負工事を行う会社。現場はいくつかに分かれるので、顔を合わせない社員も出てくる。そういう日が長くなると社員間のコミュニケーションが不足し、ひいてはそれが暴力沙汰などトラブルのもとになることもある。食事をふるまうのは、栄養を取らせるためでもあるが、社員が親密度を増すために考え出された作戦でもある。食後も一杯やったりして遅くまでいると言っていた。

「家に男を入れて平気なのかな。オレが女なら怖いよ」

そんなそぶりは微塵《みじん》も感じられない。「私はみんなの母ちゃん」だとよく言う。

「言うよね廣瀬さん。お子さんもいるから母ちゃんには違いない」

僕はその前に、自宅に毎晩わさわさ他人がいるだけで疲れる。

「まあ、まだ何もわかってないに等しい我々としては、サービスエリアで蕎麦でも食べて、もう少し話すしかないね」

いくら話したところでどうにもならないと知りつつ話さずにいられないのは、会うたびに廣瀬への関心が高まっている証拠でもある。だからこそ、根本となるものがどこかにあるなら探しあてたいのだ。

寂しさがトラウマ

その答えらしきものが見つかったのは数カ月後のことだった。いつものように自宅を訪ね、社員に食事をふるまう理由などを尋ねていると、「おいしいご飯を食べて笑顔になってもらいたいから」と答えたあとで思い出したように語りだしたのだ。

「父はワーカホリック、母は信仰に夢中かつ遊び惚《ほう》け、姉は超マイペースだったでしょ。幼い頃にそういうことがなかったから、家族で食卓を囲むことに幸せを感じるんですね。家に帰っても誰もいないことが多かったので、ひとりぼっちが寂しかった。中学生になって自宅が遊び仲間のたまり場になったときも、集まってワイワイやるのがとにかく楽しかった。つまり、私の原点は、寂しかったってことだと思う。ひとりでいることの寂しさがトラウマ。だって、普通はリビングを社員に開放して一緒に食事する生活、嫌だもんね」

嫌というか、できない。

「ははは、そうだよね。でも私はやる」

それにしても、廣瀬の行動を解き明かすためのキーワードはシンプルなものだった。

「一番ギュッとしてもらいたかったときに、それをしてもらえなかったことが根っこにあるのかな。極度の寂しがり屋になってしまったの。北尾さん、寂しいときとかない？」

ないとは言わないが、そこまで根は深くない。平凡な家庭で育ったけれど、愛情を受けるべきときにしっかり与えてもらったほうだと思う。

「いいなあ。私は寂しいのがこの世で一番怖いんだよね」

僕は彼女を打ちのめすような出来事があったにちがいないと考えてきたが、そうではなく、彼女は徐々に広がってしまった心の中の空洞を一刻も早く埋めたかったのである。寂しさというトラウマを忘れさせてくれるものなら、なんでも飛びつきたかった。

そして、見つけたのだ。悪の道の入り口を。

2 ヤンキー入門

茶髪に憧れて

「それで結局、親が離婚したんですよ。姉ちゃんと私を置いて母が出ていっちゃった。家を建てたのは父だし、女手ひとつで育て上げる自信がないと言っていた気がする」

廣瀬家から一家団欒というものが完全に消え去ってしまった大事件。母に捨てられたとの思いを廣瀬は長く引きずり、一時は恨《うら》んだ。それなのに、時期については記憶があいまいだ。

「小学校の終わりだったかな。待って、中学に上がってすぐの頃だったかも。昔のことだからよくわからない」

そこ、忘れるところかなぁ。ショックが大きかったために記憶に蓋《ふた》をしてきたのかもしれない。しかし、インタビューを続けていくためには、思い出したくないからと放置するのはまずい。ここは第三者である僕たちの出番。当時の様子をいろいろ尋ねて、中学生になっていたと判明した。

中学生活の始まりはどんなふうだったのだろう。

「母がいなくなる直前あたりかな、ヤンキーに目覚めたんですよ。最初は外見からですね」

そうか、まじめな小学生で、姉も勉強好きなら、形から入るのが自然だ。

「小学校の終わりあたりから兆候はあって、行ってる学校の先輩が中学生になって髪を金髪に染めているのを見てカッコいいと思ってました。私も中学に上がったら髪を染めてみたいと思った」

ヤンキーは、一九七〇年代から八〇年代にかけて関西を中心に使われだした〝不良少年〟の総称で、八〇年代半ばには全国で一般的になった。廣瀬が中学生になった一九九一年、東京などの都市部ではストリートファッションに身を包んだチーマーが主流となっていたが、『BE-BOP-HIGHSCHOOL《ビー・バップ・ハイスクール》』などの人気漫画やカスタムバイクの専門誌などの影響もあって、地方ではまだまだヤンキーが健在だった。

いつの時代にも不良はいる。僕が高校生だった一九七〇年代の関東ではツッパリとか暴走族という呼び方をしていた。男子は長《ちょう》ラン（丈《たけ》の長い学生服）にボンタン（幅広のパンツ）、鞄《かばん》はこれ以上ないほどぺったんこ。髪はリーゼントで、集団でバイクを乗りまわす。

「私の頃も暴走族やってるのは多かったから、表面的にはそれほど変わってないですね。北尾さんもやってた？」

いや、僕は高校時代、バイクの免許も持たない地味な生徒で、街でカツアゲされる側。繁華街に出かけるときは、いつも緊張していた。ただ、校内でツッパリグループが対立するようなことはなかったので、学校ではのんびりしていた。

すると廣瀬は、そこが違う、進学した中学では学校そのものが荒れていたという。

当時、栃木市の公立中・高校では暴力事件が多発。窓ガラスを生徒が割って暴れ、新聞記事になるほど荒れていたのだ。

「私にはヤンキーの知り合いなんかいないわけです。バイクも興味ない。じゃあ何に惹かれたかというと、見た目のカッコよさもあるんですけど、楽しそうだったから。夜まで仲間と遊んでいるのがうらやましかった。暴れたいんじゃなくて、家がつまらない。だから、中学生になったら絶対に遊び仲間を作ろうというのがありました」

流行に合わせ、入学前に短《たん》ラン（丈の短い上着）と長いスカートをあつらえた。需要があれば入手は簡単にできる。どこでオーダーすればいいという情報は小学生でも知っていた。主流派ではないが、短ランを着た新入生はそれほどめずらしくもない。

憧れの存在に近づくべくコンビニでも手に入るブリーチを買ってきて髪の色を抜いた。どうせならと、美容院でパーマもかけて悦《えつ》に入《い》る。彼女にしてみれば、ヤンキーっぽい外見は〝仲間募集〟とか〝不良っぽいのに興味あり〟のサイン。〝ナメるんじゃねーぞ〟や〝ケンカ上等〟のつもりではなかった。

その証拠に、廣瀬は入学早々、吹奏楽部に入部。クラリネットを担当することになった。クラス以外にも友だちを作りたかったのだ。部活に打ち込めば、家でポツンとしている時間が短くなって寂しい思いをしなくて済む……。

〝たら・れば〟の話をしても仕方がないが、そのまま部活を楽しめるような中学生活だったら、廣瀬の人生は大きく変わっていたと思う。

ただ、時期が悪かった。先述したように、学校は荒れ放題。体罰禁止は建前《たてまえ》。自己防衛のため竹刀《しない》を持つ教師もいて、何かあれば生徒を引っぱたくのが日常茶飯事だった。

校門の儀式

その影響はほどなく廣瀬にも及ぶ。ある日、授業を終えて帰ろうとすると校門で呼び止められたのだ。相手は一学年上の女子グループ。一〇人くらいいた。ヤンキーとの初接近だ。

彼女たちの目的は「検閲《けんえつ》」だった。生意気だとか、将来自分たちを脅《おびや》かしそうだと思う新入生に力を誇示して、逆らわないようにするのである。

「髪の毛を黒くしろとか、短ランやめろ、ノーマルのスカートをはいてこいと難癖《なんくせ》をつけてくる。私の母は娘の小学校の卒業アルバムの撮影に蛍光ピンクのボディコンみたいな服を着させるほど派手好きだったから、私の趣味もそうなって、白のブラウスの下に色つきのタンクトップを着たり、蛍光色の入ったブラジャーを平気でつけていたの。そういうのはやめろと」

先生ではなく、ヤンキーが風紀委員を買って出る。自分たちは短ランも金髪も許されるけど下級生はダメだと、奇妙な理屈を振りかざして。

「自分たちより目立つ後輩は許せないって感じ。学校に行くと毎日張られていて、裏にある公園でシメられる」

ネチネチと因縁をつけたり、取り囲んで小突くということだろうか。

「ぶっ飛ばされる。毎日血まみれで帰宅してた。十代後半に私が本格的に悪くなったとき、その人たちは私を見かけると逃げたもん。復讐されると思ったんでしょう」

グループで校門を見張っていれば生徒や教師も気づくはずなのに、下校時の儀式のように行われていたのはなぜか。誰も止めなかったからだ。なぜ止めないか。生徒は巻き込まれるのを恐れ、教師は学校内で暴れられるよりましだと目をつぶるからだ。

「だけど、血が出てるんだから担任は気づくよね」

じっと聞いていたカンゴローが、当然の疑問を口にする。

「新米教師だったから、廣瀬がどっかでケガでもしてきたんかと思ってたのかな。私も最初は言ったと思うけど、先生は当てにならないと思ってからはいちいち言わなくなった」

「すると、殴られるか、言うことを聞いておとなしくするかの二者択一だ」

「ぶっ飛ばされる。変えないから」

廣瀬は、目をつけられた新入生がつぎつぎに髪を黒く戻すのを見ていた。そうすれば検閲を受けることもなくなるのだ。小学校が同じだった友だちからは、あの先輩たちはヤバいから言うことを聞くほうがいいと忠告された。華奢《きゃしゃ》な自分の腕力では太刀打ちできないこともわかっている。

でも、嫌だった。理不尽だと思った。

横暴が許されていたのには、校内ヤンキー勢力図が関係していた。通常なら三年生が力を持ち、二年生以下は最上級生の支配下に置かれるのだが、この中学では二年生の勢力が強く、三年生を封じていたのだ。校内のボスは二年生のトップ（男子の番長）だったのである。

多くの学校で男女のヤンキーは密接な関係にある。検閲していたのは二年生の女子たちで、彼女たちが横暴なふるまいができたのは学校を牛耳《ぎゅうじ》る男子グループがバックにいたからだ。新入生を支配すれば、卒業まで校内に敵なしとなる。

つまり、彼らに尻尾を振ることは、今後二年間、言いなりにならなければならないことを意味する。とてもじゃないが廣瀬には耐えられそうにない。

「この前まで金髪だった子が髪を黒くして、中二グループに『先輩、おはようございます〜』とか声をかけてる。どこで知恵をつけたんだろうって思うほど、上手に取り入る子もいました。現実的だし賢いんです。できることなら私もそうしたかった。でも、できないの。いまでもそうだけど媚《こび》を売るのがヘタなんですよ」

ぶっ飛ばされるために登校するような日が続く。漫画なら「おまえ根性あるな、認めてやるよ」となりそうなものだが、そうはいかない。毎日ボコボコ、アザだらけ。無抵抗でやられながら「コノヤロー、いつか見てろ」と胸のうちで叫ぶのが精いっぱいだ。

新しい友だちはできず、思い描いた中学生活はたちまち遠ざかった、部活にも出なくなり、とうとうクラリネットが吹けるようにはなれなかった。

そんな廣瀬でも、つらくなって、髪を黒く戻したことが二度あるという。服装もおとなしくする。そうすれば検閲はクリアできた。検閲の名目でやっていることだから、文句のつけようがないと手を出せないのだ。でも、かわいい後輩になれない自分は、要注意人物としてマークされている。少しでも隙《すき》を見せたら終わりだ。だったら好きにしたほうがいいと再び金髪短ランに戻す。

廣瀬は自分の性格を、負けず嫌いで気が強いと分析する。小学生時代はさほど目立たなかったその性格が、メキメキと顔を出していた。

「一緒に立ち向かおうとする同級生はいなかったですね。私は中二の途中で学校へ行かなくなったんだけど、それまでずっとぶたれてました」

ケンカとシンナーの日々

勉強が嫌いなこともあって、ときどき学校を休むようになった。最初は行ったことにしたくて誰もいない家にこもっていたが、それでは何も楽しくない。仲間を求める気持ちを抑えきれなくなった廣瀬は、救いを求めて表を出歩くようになっていく。他校に進学した小学校の友人のつてで、学校をさぼって遊んでいる連中と知り合うことができた。

そのうち市内でもっとも荒れていた中学の女子ふたりと仲良くなり、毎日遊ぶようになった。たまり場はゲームセンターやイトーヨーカドー。

タバコはもう吸っていたが、中一からシンナーをやっているその子たちに教えてもらって自分でも吸いだした。ふたりと一緒にいるのが楽しくて、シンナーはいけないんじゃないかなんて考えもしなかったという。

類は友を呼ぶの法則で、その他の不良とも親しくなる。彼らといれば退屈知らずで夜まで遊べた。

遊びというのは廣瀬流の言いまわしで、ボウリングでもやるのかと思われそうだが全然違う。

「別グループの悪い子たちとケンカしたり、シメ会っていうんだけど、そのへんの金髪女を捕まえて殴ったりする。それまで殴られることはあっても殴ったことはほとんどなかったんだけど、あっさりできたんですよ。一度やったら二度目はラク。躊躇《ちゅうちょ》なくできるようになる」

あっという間の非行化である。でも、話はここからが本番だ。

栃木市は大きな街ではなく、外で暴れる不良の数も知れている。ニューフェイスとして登場した廣瀬たち女子グループの存在が噂《うわさ》になるのは時間の問題で、男子の中学生グループとの交流が始まった。

ケンカ、シンナーに酒とセックスが加わったのだ。好奇心のなせる業《わざ》か、セックスへのハードルも低く、すべて成り行きというか、シンナーでラリった勢いで行われていく。

誰とでもというのではなく、いちおう彼氏らしき相手はいる。でも、そこにあるのは恋愛感情というより、彼氏とエッチしている自分という満足感でしかない。そのため、飽きたり気に入らなくなればお互いすぐに相手を代えた。

いくらなんでも軽すぎやしませんか……。四半世紀も前の話を、僕とカンゴローは眉間《みけん》にシワを寄せて聞いてしまう。

シンナーを吸うには場所が必要なので、いつしか廣瀬の家がたまり場になった。親はいないし冷蔵庫にはたんまり食料もある。仲間とわいわい騒ぐのは廣瀬にとっても望むところだ。疲れ果てて眠るまで誰かがそばにいてほしい。

そんな妹に、姉はまったく干渉してこなかった。乱痴気騒ぎに文句を言うでもなく、部屋にこもって勉強している。私は私、妹は妹とでもいうような態度だった。のちにわかることだが、姉は姉で居心地の悪い実家を出る方法として、地元以外の大学に進学する目標を立てていたらしい。

学校では得られなかった仲間を作ることができた。退屈な時間も激減した。ヤバい遊びで毎日が刺激に満ちている。そんな廣瀬にもっといいことが起きた。

「廣瀬に紹介したい女がいるんだよ」

と、男友だちが連れてきた同い年のスズ（仮名）と仲良くなったのだ。

「深刻な家庭の問題を抱えた子で、家に帰りたくないからしょっちゅう一緒にいるようになった。私にとって人生初の親友といえる存在ですね。いまでも仲良くしてます」

学校に見切りをつけ、悪い遊びも覚えたが、スズという得がたい友だちと出会うことができた。これで少しは落ち着くのかと思いきや、話はさらにエスカレートする。

生きのいいヤンキーたちに目をつけるのは誰か。プロの遊び人、ヤクザが接触してきたのだ。

3 源氏名は明美

覚せい剤と好奇心

たまり場となった廣瀬の家には女の子がたくさんいた。それを目当てに男たちの出入りも盛んになる。そんな場所はなかなかないから、近郊の町から遠征してくる男連中も現れる。その中に県外だが距離の近い茨城県古河《こが》市からの遠征組がいて、近いうちに俺たちの地元へこいと誘われた。彼らは古河一中、二中の生徒たち。中学生なのになぜか車を乗りまわしていたりする。そんな中学生は地元の栃木にはいなかったので、「こいつらすげぇな」と驚いた。

すでにイケイケのヤンキーになっていた廣瀬が断るはずもなかった。それどころか、帰るところのないスズを連れてホイホイ乗り込む。家に不良が集まってシンナーを吸っているのを父に見られたため、新しい場所が必要だった。こんな家、たまり場に使えないならいる意味がない、出ていってやると家出したのだ。

教えられた住所を尋ねると、そこは一軒家。家出してきたと告げると古河の不良が言う。

「ここ、おまえら住んでていいよ」

こうして家の持ち主も知らないままスズと暮らすことになるのだが、そこは地元の不良たちのたまり場でもある。まともな生活になるはずがない。

「うん。覚せい剤をおぼえてしまった」

え？　まだ中学……。

「三年ですね」

一五歳で早くもヤンキーの範疇《はんちゅう》を超えてきた。カンゴローは絶句している。

「その一軒家には暴力団とかいろんな大人がやってきて、好きに使っていいと小遣いをくれたりする。覚せい剤をやってる子もいて、打ってみるかと誘われたの」

シメ会やシンナーとはレベルの違うヤバさ。さすがの廣瀬も躊躇し、やんわり断わったりしたが相手はプロ。いつまでもそうしてはいられない雰囲気を作られてしまった。

気持ちいいからやってみろよと、なんでもないことのように勧められるのだ。あぶって煙を吸い込むだけならともかく注射は怖い。でも、その場にいる人は全員注射だ。迷っているうちにさっさと準備が進み、新しい注射針でやるから大丈夫だと言われれば従うしかなかった。

幸いなことに、身体が幼いせいなのか、胃がむかつき、気持ち悪くなってしまった。だから、そのときは何が良くてこんなものに夢中になるのだろうと思った。

「でも、やったことに後悔はないわけです。悪い世界への興味があって、ひと通り経験してみたかった」

頭が悪くて勉強ができない自分には他人と競えるものがないが〝悪い女部門〟だったら一番になれる気がする。自分は悪いことならできる人間なのだから、トップを目指せるかも。いや、目指すべきでは。人並みのことができていないコンプレックスと負けず嫌いの性格から、なんでもいいから突き抜けた存在になりたいという気持ちが強くなり、いつしか頭の中は悪の道一直線……。

まだ中学生だからか、廣瀬とスズはクスリ漬けにされることも、怖い思いをすることもなかったので、この家に腰を落ち着けることにした。

生活費はヤクザがくれる小遣いで足りたのだろうか。

「中学生なのに車を持っている男の子がいて、あちこち出かけているうちにお金はなくなるよね。なんとかしなくちゃってことで、スズとふたりで自販機荒らしとか、公衆電話をボッコ（破壊）して生計を立てていた、ははは」

無免許運転に器物破損、窃盗の罪が加わった。笑ってる場合じゃないよ。昔の自分はどうかしていた、バカだったとしか言えないと反省した上で廣瀬は喋っているのに、無軌道ぶりに腹が立ってくる。

温泉街で酌をする中学生コンパニオン

で、それからどうなった。自販機と公衆電話で大金を稼げるとは思えない。

「私たち、どこかで知り合ったヤクザの紹介で、鬼怒川《きぬがわ》温泉のコンパニオンになるんです」

ヤクザと接するのがあたり前になって、知り合った場所さえ記憶の彼方《かなた》か。仕事であるのは間違いないが、中学生がコンパニオンになるのも違法行為だ。しかし、違法行為が常習化していた金欠の廣瀬とスズは、紹介してくれてラッキー、コンパニオンしに行こうぜと喜んでしまうのである。金づるとして紹介料をたんまりせしめられていることなど気づきもしない。じつに危なっかしいと、昔ばなしなのに僕とカンゴローはヒヤヒヤだ。

「一八歳と偽って、置き屋の寮に住み込みました。いろんなホテルに派遣されて、宴会しているオジサンたちにお酌して。ピンクコンパニオンじゃありません。飲ませて盛り上げるだけでいいのでけっこういい仕事。若いし人気もありました。スズが話術の天才なんですよ。スナックなんかで働いたら入店一カ月でナンバーワン取っちゃうくらい」

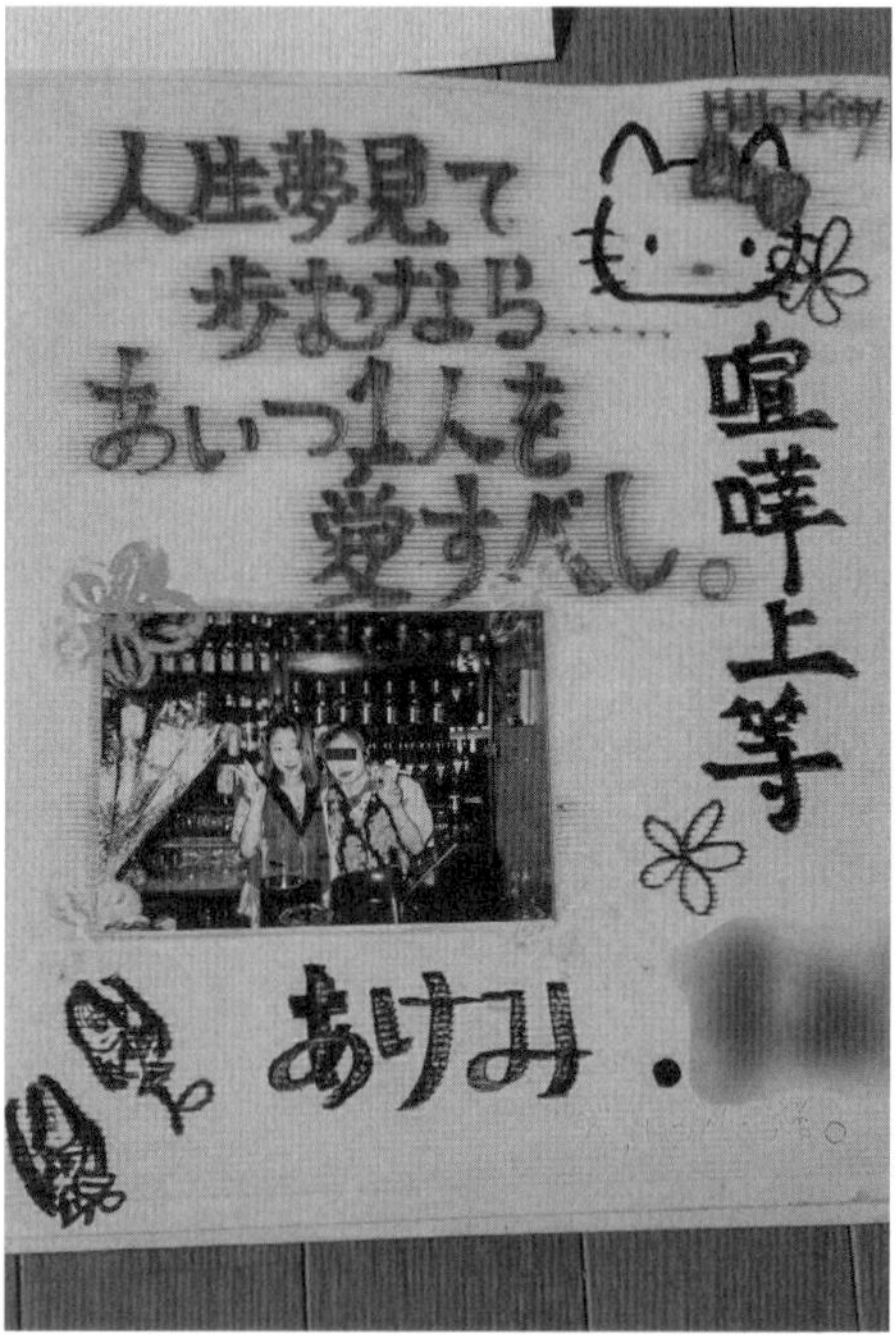

スズと。大人びていても、台紙のキティには中学生らしさがある。

僕は会ったことがないが、スズは廣瀬が自慢するほどの美人で、水商売の才能があるそうだ。客を乗せたりあしらったりするのがべらぼうにうまく、その気になれば男を手玉に取るなど朝飯前だと太鼓判を押す。

ふたりの親密さを、廣瀬なりに説明してもらった。

「家出する前、スズに彼氏がいて、すると私はその彼氏の友だちとつきあうんです。逆に私にべつの彼氏ができたら、スズは彼氏を捨てて私の彼氏の友だちとつきあう。すると四人で遊べるでしょう。それくらい、スズとのつながりが第一だった。好きな人がかぶることもないんですよ。つまり、私もスズもつきあっていた人が好きなのではないの。要はふたりで一緒にいられるかどうかが大事で、恋愛に対して純粋じゃないからすぐ乗り換えられるんです。まあ、相手の男も私たちに惚《ほ》れてはいないのでお互いさまなんだけどね」

コンパニオンの生活は四カ月後、年齢がバレて即刻クビになった。もし気づかれなかったら、まだしばらくは働いただろうと廣瀬は目を輝かせる。本当に楽しかったと。

温泉街でコンパニオン。はたから見たら何やってんだのひと言だろうし、返す言葉はない。鼻の下を長くした温泉客たちにちやほやされるのが嬉《うれ》しいのかと思われそうだ。ずいぶん酒に強くなったけど、それも大したことじゃない。大金を稼げる仕事でもなかった。理由はひとつ。朝から晩までスズといられたからだ。ハッピーな出来事のない中学時代において、燦然《さんぜん》と輝く時間。誰にも邪魔されずにスズと親密でいられたこの期間は、いまでも廣瀬のいい思い出だ。

「スズは一時、母の店を手伝ってもらったり水商売をしていたこともあったけど、いまは資産家の愛人になって新築の一戸建てで暮らしてます。さすがでしょ?」

ちなみに、本名の伸恵を野暮ったく感じていた廣瀬は、このときにつけられた明美という源氏名《げんじな》を気に入って、コンパニオンをやめたあとも使い続けた。いまでも「廣瀬さん」より「明美さん」と呼ばれることのほうが断然多いそうだ。

さらわれて性奴隷

ひさしぶりに古河の一軒家に戻った。よく知った顔もあれば、新しいメンバーもいる。当面行き場のないふたりは、ここでしばらく過ごしつつ今後のことを考えるつもりでいたが、以前とは雰囲気が変わっていた。ヤクザの出入りがいっそう増えていたのだ。

たとえば廣瀬が悪いことで一番になりたいと思うときに、脳裏に浮かべるのはケンカやシンナー、暴走族あたりである。人間関係も、基本となるのは仲間たち。男女関係が乱れがちとはいっても、同世代同士は乳繰《ちちく》り合って「好きだよ~」といまを楽しむ。そこには周到な計算も金銭のやり取りもない。

その点、プロははっきりと異なる。

「すべてお金。私たちが同世代の男の子と遊ぶと『人の女に』と金を取る。私という存在をお金として考えているので怖さが違うんです。必要とみなせばレイプもされる。同世代でそれはないですもん」

ここに長くいるのは危険だ。いったん家に戻ろうか。それともスズとどこかに行こうか。そう思うようになったとき、考えられないことが起きた。暴力団の男にさらわれてしまったのだ。

またまた新展開である。さらわれるってどういうことなんだろう。

「性奴隷として二カ月間、監禁されました」

え、ちょっと待って、いまなんと？

「性奴隷。シャブ（覚せい剤）で玩具《おもちゃ》にされるんです」

あえて性奴隷という強い表現をするのは、そうとしか言えないからだ。セックス以外に男の目的はなかったと廣瀬は断言した。

覚せい剤を打つと全身が性感帯になり、ものすごい快感に襲われる。一軒家で体験したとき気分を悪くした彼女でさえそうなった。しかも、それは覚せい剤の効力がなくなるまで持続し、性欲も止まらない。

覚せい剤使用者は、眠気を覚ますためにやった、集中力を増すために使用したと言ったりするが、廣瀬に言わせればそんなのはオマケみたいなもの。なんだかんだ言ってもセックスが最高だから打つのだという。自分はその男が大嫌いだった。憎かった。それなのにセックスするたびに震えるほどの快感を得た、と。

あまりのことに、僕は咄嗟《とっさ》に反応できなかった。男は、家出娘だからさらっても問題ないとチャンスをうかがっていたのだろう。

「なんでそうなっちゃうんだろう」

カンゴローも目を丸くして硬直している。

「十数階建てのマンションの一〇階以上の部屋に閉じ込められてたの。外鍵を閉められてしまうので逃げられない。窓から飛び降りれる高さじゃないし、泣き叫んでも誰の反応もない。その人が部屋にいるときが唯一のチャンスだから逃げようとするんだけど、いつも見つかってぶっ飛ばされる。で、覚せい剤を打たれる」

いくら廣瀬の鼻っ柱が強くても子どもだ。クスリで朦朧《もうろう》としていることもあって脱出方法が思い浮かばなかった。二カ月は長く、中毒者になってもおかしくない期間だ。

ある晩、逃げた。その日は男が酒に酔って帰宅し、眠り込んでしまったのだ。いましかない。素足でマンションを飛び出し、民家に救いを求めた。叩けば埃《ほこり》の出る身である。電話したのは警察ではなく父だった。正解だったと思う。父はすぐにやってきて、事情を聴いてから相手の男に電話をしてくれた。

「うちの娘はまだ一五歳なんだから、警察を間《あいだ》に入れたらあんたも大変なことになる。娘とは一切関わりを持たないでくれ。それが守れないならいまから警察に通報する、と言ってくれました。おかげでそれ以後、その人が私に近づくことはなくなったんです」

監禁してシャブ漬けにしたのに警察沙汰にならないなんて解《げ》せないが、現実的な解決法ではあっただろう。

娘が家出しても父親は気にしないかと思えば、いざとなると飛んできて、怒鳴ったりうろたえたりせずに現実的で最善と思える対処をする。しかし、それ以上の、病院で検査を受けさせるようなことはしない。娘は娘で、家の冷たい雰囲気が嫌だったはずなのに、父は仕事人間だが優しい人だし恨みもないと言い、こういうときには頼る。僕にはそれが、うまく親子関係を築けず、どう接したらいいのかわからなくなった不器用なふたりが、妥協点を探りながらとった行動のように思えてならない。

専門学校をやめて裏カジノで働く

「そうそう、専門学校に通ったことがあった」

それからどうなったのかと尋ねているうちに、廣瀬が言いだした。家出娘が実家へ帰り、先のことを考えて行動した……のではないだろう。いかにも記憶が薄そうな彼女の口ぶりだけで、嫌な予感がする。

家に戻った廣瀬はすっかりやる気をなくし、適当に悪さを働き、あとは家でじっとしている宙ぶらりんな日々を過ごすようになったそうだ。

「中学の卒業式だけは気合入れて、特注の卒ラン着て行ったけどね。ボディガードみたいに古河の不良たちを引きつれてブイブイと。彼らとはいまでも連絡を取り合う仲です」

とはいえ、監禁されているうちに受験シーズンが終わっていたので進学はできなかった。秋になってもブラブラしている娘を案じたのか、深刻な顔をした父に言われた。

「高校に行くか手に職をつけるかしないと苦労するぞ。俺だっていつまで元気でいられるかわからない。金は出してやるから進学しろ。おまえ、いったい何になりたいんだ」

心配してくれているのだ。「なりたいものなんかねーよ」と正直に答えて父を困らせるのも悪い気がして、しぶしぶながら一年遅れでレベルの低そうな私立高校を受けることにした。が、中二から授業を受けていないハンデは大きい。テストはちんぷんかんぷん、金髪で化粧して臨む面接もいい印象を与えるわけがなく、不良しか行かないような県外の学校にも落ちてしまう。

どうしよう。高校が無理なら専門学校の高等部だ。

「美容師ならなりたいかも」

なんとか候補を絞り出し、嘘ではないと自分に言い聞かせた。中学一年時から美容室に通っていて、ヘアスタイルやメイクにも関心がある。学校を調べ、制服のミニスカートとチェックのベストがオシャレだと思った学校を受験し、合格した。

聞いていて思う。そこも続かないよね。

「あはは、わかりましたか。学校に行っても、帰れば仲間とシンナーが待っていて、夜な夜な遊んじゃう。寝坊が多くて、学校では集中できない。クラスの子からシンナー臭《くさ》いと言われる。あとはなんていうのかな、私が思い描いた美容師の学校は、きらびやかな世界だったの」

暗い教室で授業を受けて、実習では手が荒れる。あげく、「なんか違う」。これではやめる理由を探しに通っているようなものである。三〇〇万円以上の学費が無駄になってしまった。父親もがっかりしたことだろう。

再びフリーターになった一六歳の廣瀬は学業をあきらめ、自分の守備範囲で仕事を探すことにした。

「小山《おやま》市の裏カジノ。悪いことなら得意分野ですから」

すぐに採用され、店のディーラーとつきあい始める。好きだからではなく、自分の得になりそうな男を選んだだけ。ハードな経験を重ねても、純愛とは無縁な恋愛しかできそうになかった——。

廣瀬と別れてから三〇分以上、僕は黙って運転していた。情報量の多さに頭の整理が追いつかない。カンゴローも無言で考え込んでいる。

「性奴隷って、一五歳の中学生がさ。とんでもない話を聞かされたもんだ」

ようやくカンゴローが口を開いた。やはりそこか。内容もさることながら、起きたことだけを語って、さっさと話を終わらせてしまうところに凄《すご》みがあった。

「監禁されてセックスの道具にされたこと以外はどうでもいい話しぶりだった。こっちは固唾《かたず》をのんで聞いているのに、そのヤクザの人柄なんかはひと言も出てこない。そういうところもあの人は軽々と想像を超えてくる」

それを言うなら、校門の検閲も、家出も、コンパニオンも全部そう。話の展開を予想しながら聞いている僕たちのナナメ上を行く、激しい結末が待ち構えているのだった。

「中学生の廣瀬さんと、目の前にいる廣瀬さんがどう結びついていくんだろうと思いながら聞いていたけど、頭に浮かんだことはすべて外れるということだけは自信がある」

今後どうなるか、方向だけなら知ってるけど、聞いておきたい？

「遠慮しておこうかな。いろいろ言っているけど、ゾッとしながら吸い寄せられて、次回が楽しみになっている自分がいるんだよ」

4 レディース暴走族『魔羅唖』の誕生

ヤンキーの〝青春〟はレディース抜きに語れない

専門学校に進学したもののあえなく離脱し、裏カジノで働くことになった廣瀬。相変わらず非合法な世界から足を洗えないが、ここでひさしぶりにヤンキーらしい行動に出る。中学を卒業する頃から声をかけられていたレディース暴走族（以下、レディース）の『悪女会《あくじょ》』に入ったのだ。

一九九四年当時、栃木県の三大レディースといえば『貴族院　女族《じょぞく》』『闇令女《やみれいじょ》』、『悪女会』。他校や年長の仲間とつるむことで悪の道をスタートさせたため学校内で目立つ存在ではなかったのに、地元で悪名を高めていた廣瀬は三大レディースのすべてから誘われていた。

レディースにはもともと興味があったのだろうか。

「それはそうだよね。とくに仲間が欲しいタイプの私としては憧れも強くて。ヤンキーの〝青春〟はレディース抜きに語れないと思い込んでました」

バイクに乗りたいとか、集団で爆走したいという動機はまったくなかったという。男友だちにも不自由はしておらず、モテへの欲求からではない。では何か。負けん気と目立ちたい気持ちだ。中途半端が嫌いな廣瀬が目指すのは、地元ナンバーワンの不良だった。

「『貴族院　女族』はかおりさんという総長が代《だい》を譲らずにずっとやっているところで、総長がかなり年上ということもあって私向きじゃなかった。『闇令女』は〝ヤリマンジョ〟と言われてるような軟派なレディース。やっぱり私は硬派でケンカも強そうな『悪女会』にしようと思った」

ここで、暴走族について少し説明しておこう。

その元祖は一九五〇年代後半に登場した、マフラーを外したバイクで走りまわるカミナリ族とされるが、暴走族という言葉が定着したのは一九七三年版の警察白書で使われたことがきっかけだった。

令和二（二〇二〇）年版犯罪白書によると、暴走族の構成員数がもっとも多かったのは一九八二年の四万二五一〇人。一九八一年には横浜銀蝿の『ＴツッパリＨｉｇｈ Ｓｃｈｏｏｌ Ｒｏｃｋ'ｎ Ｒｏｌｌ』が大ヒット。猫に変型学生服を着せて不良の格好をさせた『なめ猫』（全日本暴猫連合）のポスターやステッカーが人気を博したのを憶《おぼ》えている人もいるだろう。関東でそれまで使われていた〝ツッパリ〟から〝ヤンキー〟へと呼称が変わったのもこの頃。一九八一年に創刊された改造車専門誌『ヤングオート』を筆頭に、ヤンキーをメイン読者とする雑誌が出版されるようになってきた。

十代に大きな影響を与える漫画はどうか。暴走族を主役に据えた元祖ヤンキー漫画『湘南爆走族』（吉田聡《さとし》　少年ＫＩＮＧ）が連載されたのは一九八二〜八七年。映画化もされた『BE-BOP-HIGHSCHOOL』（きうちかずひろ　週刊ヤングマガジン　一九八三〜二〇〇三）は世紀をまたいで息長く愛された。少女漫画も『花のあすか組！』（高口里純《たかぐちさとすみ》　月刊Ａｓｕｋａ　一九八五〜一九九五）など多数。その名もずばり『麗霆子《レディース》』（もとはしまさひで　ヤングマガジン海賊版　一九八九〜一九九四）という作品もある。

女性だけで構成された暴走族・レディースが登場した時期は定かではないが、一九八一年に発売された写真集『ルージュをひいた悪魔たち』（青年書館）の表紙に特攻服姿のレディースが載っていることから、一九七〇年代後半には存在していたと考えられる。さらに、一九八九年には時代の波に乗って、女の子のヤンキーやレディースをメインに扱う『ティーンズロード』（ミリオン出版）が隔月間誌として創刊。翌九〇年には月刊化され、最盛期には発行二〇万部を誇る売れ行きを示した。

毎号のグラビアページを飾る人気総長はヤンキー界のスター。寂しい気持ちを抱えていた小学生にヤンキーが輝いて見えたのも、いつかはレディースに入りたいと願ったのも、あながち不思議な話ではないのだ。ちなみに、同誌九一年一二月号には前出の『貴族院　女族』が大々的に紹介され、特攻服に木刀のコワモテぶりを披露している。

廣瀬が『悪女会』に入会した一九九四年、全国の暴走族の構成員数は男女合わせて二万七七三六人。減ってきてはいるが、二〇一九年（令和元年）に四七九七人になることを思えば、まだそれなりの勢力をキープ。レディース界は小グループが乱立する時代から、地域の連合を作る動きへと変わり始めていた。

「上等だ、やってやるよ」

地域を代表するレディース決定戦みたいな流れに、負けず嫌いの廣瀬が燃えないはずがないのだ。

ケンカには気持ちと刃物で勝つ

『悪女会』に入った当初は集会があれば参加するが、男ができたり仕事があると行かないという中途半端な状態だった。だけど、だんだん楽しくなってきて、初代が引退し、二代目も終わろうかという頃には同期の中で存在感を示すようになっていく。

レディースは通常、一八歳になると引退する。自信満々の廣瀬は、三代目に指名されるのは自分だろうと思っていた。でも、二代目が総長に指名したのはミチコという子だった。

「ミチコは生き方がまじめで、そこが気に入られていたの。でも私は不満で。おとなしいミチコじゃ他のレディースに対抗できない。『悪女会』がつぶされないためには絶対私だろって思ってたの。それで二代目に交渉したんだけどダメで、私はミチコに『タイマン（一対一でのケンカ）張れ』と勝負を迫った。ミチコは太っていて身体は大きいけど気が弱いので絶対勝てると思ったのね。でもミチコは『廣瀬とは（仲間だから）できない』の一点張り。私は先輩に『タイマン勝負も受けられない三代目でいいんですか』と。めちゃくちゃな言い分だったけどね」

二代目の気持ちは変わらず、ミチコの三代目襲名が正式に決まると廣瀬は『悪女会』を脱会。二代目の許可を得て一八歳で新しい会を立ち上げることにした。残ればミチコともめるのは目に見えている。それなら、出ていってもらうほうが『悪女会』の平和が保たれると判断されたのだろう。このあたり、トラブルなく独立を認めさせる廣瀬の交渉上手な一面がうかがえる。

新しい会の名前は『魔罹啞』（当初は『女神《マリア》』で、のちに改名）。仲の良かった同期が数人ついてきてくれたが、声をかけた後輩の大半は『悪女会』に残った。でも、気にはしない。中心メンバーさえ固まっていれば、あとは他地域のレディースをつぶして吸収すればいい。

「目指していたのは硬派のレディース。媚を売らず、ケンカが強く、結束が固いグループです。当然、男子禁制。男の単車のケツに乗ったらシメられるみたいなルールをみんなで作って。いま思えば何考えてるんだろうねって感じだけど、真剣にやってましたよ」

硬派には戦闘的という意味もある。地域ナンバーワンになるためには、目ざわりな他グループに消えてもらわなければならない。新しいレディースが出てきたら、力をつける前に芽を摘まなければならない。方法は暴力だ。力ずくで相手を従わせるのが一番早いし、ケンカにも自信があった。

暴走族の象徴であるバイクにも乗ったが、運転がヘタだったこともあって、暴走行為より集会や祭りなどの目立つ場面が好きだった。

『魔罹唖』の後輩たち。特攻服がレディースたちの〝正装〟だった。（この写真に廣瀬は写っていない）

「さらし巻いて特攻服着て『よし、行くぞ』とかやってましたね。円陣組んで『ケンカ上等ヨロシク！』とかやるんです。最大の楽しみは地元のお祭り。日本酒を一気飲みして『よいしょ、よいしょ』と騒ぐ。そういうのが好きで力を入れていた」

狙うのは勢力拡大。『魔罹唖』の力を地元にとどろかせ、廣瀬についていけば間違いないと仲間たちに思ってもらいたかった。

しかし、スポーツ経験もなく、どちらかといえば小柄な廣瀬が、どうしてケンカは得意だったのだろう。中二でグレて以来、実戦で場数《ばかず》を踏んだからなのか。

「ケンカは全然強くないんだけど、気持ちが強かった。悪いことだったら負けない、最悪は刺して殺しちゃえばいいくらいに思っていたから負ける気がしなかった。捕まるのも嫌じゃない。捕まるなら捕まれ、なるようになれと。自分のことを大切にしないし、なんで生きているのかもわからず、みんなと遊んでいるのが楽しい。夢も希望も目標もない。ただ、悪いことなら一番になれるだろうって中学の頃から思ってた。そんなふうだから、タイマンは負けられないじゃない。常にナイフとか武器を持ち歩いていたよね」

廣瀬はケンカになると、相手を「脅《おど》す」ためではなく、「攻撃」するために躊躇なく武器を使うことができた。刃物を使うのは卑怯《ひきょう》とか、傷を負わせるのはかわいそうなんて思わず、目の前にいる相手に勝つことに集中する。

無表情で刃物をふるう廣瀬を想像すると寒気がしてくるが、これは手痛い失敗から学んだ彼女なりの必勝法だった。相手をやっつけたと油断し、刺されたことがあったのだ。

「中学のとき、私より一歳上に手首から足首から刺青が入っている有名な悪い子がいて、居酒屋でケンカになったんです。で、（覚せい剤を使いだす前の）私はそれなりに肉づきも良く腕力もないわけじゃないから優勢だった。で、『もう降参』って言うから『じゃあいいよ』と手を離したら、隠し持っていたナイフで脚を刺されてしまったんだよね」

そのとき、「降参って言ったからって、それで終わりじゃねえんだよ。おめえの負けだろ」と得意満面で言われたのだそうだ。それまで、武器を使うのは良くないとか、正々堂々と戦うのがタイマンだと思っていた廣瀬は痛みの中で、こういうズルいやつがいるんだなとショックを受けた。

もはや『魔羅啞』に敵なし

ここで、自分は卑怯な手段は使わないと決意するのではなく、私もそうしようと思ってしまうのが悪いことで一番になりたい廣瀬である。ケンカは勝てばいい。男の世界は知らないが、女は武器を使ってもいいんだと勝手に納得し、それからは平気で人を刺せるようになったというからどうかしている。このとき刺された相手にも、傷が癒えるのを待って刃物でやりかえした。

少数精鋭の武闘派レディース『魔羅啞』が頭角を現すのと比例するように、かつて在籍した『悪女会』は勢力を弱め、三代目ミチコの代で消滅する。『貴族院 女族』や『闇令女』にもかつての勢いはなく、新興勢力を支配下に置いていけば、栃木に敵なしを実現できる。廣瀬は小山市などで新しいレディースができたと聞くとすぐに乗り込んでいき、相手の総長にタイマン勝負を申し込んだ。育つ前につぶしにかかり、乗っ取るためだ。

トップ同士で勝負をつけるタイマンは、大勢で抗争して闘いが長引いたり、多くのメンバーが傷を負うのを防ぐ効率的な面もある。トップに突出した力があると闘いを制しやすく、命知らずの廣瀬が率いる『魔罹啞』はその点で有利だった。

こうしたレディース間の抗争はどんなシステムの中で行われたのか。不良少年の集団である暴走族が関わるのかと思ったらそうではない。レディースと暴走族間には、恋愛を含む交流はあったとしても、それぞれ独立した集団として活動し、バランスを保っていた。立ち会いなどを依頼すれば、レディースは力や数で勝る暴走族の下部組織になってしまう。

では勝手に暴れていたのかといえば、それも違う。しっかりと大人が絡《から》んでくるのだ。

廣瀬の地元では、小山ならここ、栃木ならあそこというように、ヤクザによるケツ持ち（トラブルが起きたときの後ろだて）が存在した。そこでは組織間の力関係とかではなく、タイマン張ってどちらかが勝ったら、そのときは納得し、大人は乗り出さないという暗黙のルールが働いていたのだという。他のレディースと決着をつける日程が決まると、まずするべきは自分たちへのケツ持ちへの連絡なのである。

「私たちは何月何日の何時からタイマン張るから、相手のケツ持ちに話しておいてくださいね。勝ったほうが吸収合併しますと頼むんです。ケツ持ちの代償？　かわいい子なんかはセックスだよ。面倒見るから抱かせろ。それを拒んだらお金。みかじめ料は月に一万円くらいだった」

さぞかし凄惨なケンカが繰り広げられたのかと思いきや、ほとんどは売り出し中の総長・明美に恐れをなした敵が全面降伏。闘わずして傘下《さんか》に収め、『魔羅啞』の支部になった。地元ではもはや誰ひとりケンカを売ってこない。短期間のうちに噂が地元を駆けめぐり、〝ヤバい女〟として有名になっていたのだ。

「噂が広まるとプライドがくすぐられる。あの総長はすごいねと言われる快感。群馬や茨城にも支部を作り、合わせて五〇～六〇人に増えていった。それでまた、『私についてくれば間違いないんだよ』が出ちゃう。いまは逆らわず、ちやほやしておけばいいと思われてただけなんだろうけど」

栃木県ナンバーワンのレディースになる目標が達成されたら、つぎは関東統一か、はたまた関西遠征かと思いたくなるところだが、廣瀬は『魔羅啞』の継続と結束の強化に力を注ぐようになった。

レディース雑誌で紹介される都市部のレディースは規模が大きくて歯が立つとは思えなかったこともあるが、大きな理由は他地域のレディースを敵対視する気持ちがなかったことだ。それどころか、雑誌に載っているカッコいい総長を、スターを見るような目で眺めていた。廣瀬にとって意味を持つのは地元・栃木とその周辺で自分たちがナンバーワンであることで、それ以外はよその世界の話みたいなものだった。

先述したように廣瀬は中学卒業後、派遣コンパニオン時代に命名された明美という源氏名をそのまま使うようになっていた。スズとの思い出もあるし、どことなく華《はな》があって本名よりカッコいい。

「地元を支配してる自分に酔って気持ち良くなってたかな。族を作り、トップになって、後輩を従える。気に入った子を側近にして、その下がいる構成でしょ。後輩に『明美さ～ん』と慕われて、私が引っ張らなくちゃと悦に入る。完全にお山の大将だよね、あはは」

話していて不思議なのは、こちらから訊《き》かないかぎりファッションの話が出てこないことだ。オヤジを相手にそんな話をしても通じないからではなく、興味がなさそうなのである。『魔罹唖』を立ち上げた一九九六年、十代女性の間では歌手の安室奈美恵を真似た細眉《ほそまゆ》に、タイトなミニスカートやニットを着こなし、厚底のロングブーツで足元を固めるファッションが全盛だった。

「もちろん、ギャルっぽい格好もしてましたよ。音楽は、BOØWY《ボウイ》やT-BOLAN《ボラン》が好きで、聴きながらシンナーを吸ってた。でも、何に金をかけていたかというと……」

ジャージやスウェットなど、ヤンキーには独特の人気ブランドやスタイルがあり、そっちに走っていたのだ。レディース総長ならではのこだわりは特攻服。派手に刺繍《ししゅう》を特注したそれは一着三〇万円もした。刺繍代がバカ高いのだが、不良同士はそこをチェックするのでケチれない。いかに刺繍を入れるかがポイントで、〈夜空に咲く花～〉とか〈男には負けない～〉といった文言《もんごん》を考え、書体も指定して発注する。

「普段の服は、刺繍のめっちゃ高いブランド物のトレーナーやセーター。Tシャツも刺繍入りのを好んで着ていたかな。ヤンキーの服って高いんですよ。専門店があって、セーター一枚三万円とかする。普通にオシャレする子もいたけど、私は自分なりのプライドで、ヤンキーファッションで金髪のトサカを立てるスタイルを貫いていた」

特攻服にブランド服顔負けの値段など、おいそれと出せる金額ではない。アルバイトして買えるのはせいぜい数万円レベルまでだろう。援助交際までして豪華な刺繍を入れる子もいたほど、レディースなりの極め方があったのだ。

では、どうして廣瀬にはそれができたのか。美容師学校をやめて働きだした裏カジノが収入源になったのか。

「そっちは長続きせずやめて、もっと悪いことで稼ぐようになった。私はカッコいい総長でありたい、仲間や後輩の面倒を見るには金がいるじゃんってことで、本物の悪の道に入っちゃうの」

これまでだって相当なものだと思うのだが、廣瀬の基準では、ケンカやカツアゲ、自販機荒らし、強制された覚せい剤の使用などはアマチュアに区分されるようだ。では本物の悪とは何か。どんな〝シノギ〟で稼ぐようになったのか。

「覚せい剤の売人ですね」

これまでの流れから、もしかするとと思っていた答えに黙ってうなずき、さらに質問を重ねようとしたとき、廣瀬が思いがけないことを口にした。

「あと、お母さんのスナックを手伝ったりもしてました」

中一のとき家を出ていった母親との関係が復活していたのだ。

5 覚せい剤の売人になる

母との再会

久々に出てきた〝お母さん〟という単語に面食らう僕を見て、廣瀬が笑う。

「その話、してませんでしたっけ。中学を卒業してから、会いたくなって探したんですよ」

めまぐるしく変化する彼女の日常についていくのがやっとで、中学一年のときに家を出ていった母親のことを忘れかけていたが、連絡がついていたのである。でも、なぜ急に？

「その頃、父親がひとまわりも年下の若い女の人を連れてきて再婚すると言いだした。その女の人と、私はまるで気が合わなかったんです。でも父は尻に敷かれている感じだから、家に帰りたくなくなっちゃって。お母さん、どうしているだろうかと……」

美容師学校に通う前にそんなことがあったとは。父親の再婚といい、母親の捜索といい、思春期の子どもにとって大きな出来事だと思うのだが、うっかり話すのを忘れていたという口ぶりだ。

「お母さん見つかったんだ。どこにいたんですか」

廣瀬と僕が話しているソファ席から数メートル離れた食卓に座っていたカンゴローが、構えていたカメラを置いてこっちにやってきた。そうそう、それが普通の反応というものである。

「栃木市内にいてスナックのママをしていることがわかり、親友のスズと一緒に会いに行ったんだよね」

　劇的再会という感じではなかったのか。

「複雑な心境だったかな。そりゃ、お互いに涙も流したし、嬉しかったのはありますよ。母だって好きで出ていったわけじゃない。ふたりの娘のことは気になっていたみたいです。ただ、心から母を許せるはずはないよね。私はあんたに捨てられたという恨みは、そう簡単に消えないですよ。その後も母ともめると『なんで私と姉ちゃんを捨てたんだ』『私だってつらかったんだよ！』みたいなやり取りをしましたね」

　なぜか照れくさそうに言う廣瀬である。情け無用のレディース総長・明美にも人の子らしい感情が残っていたのを知り、僕とカンゴローは少しホッとした。

　しかし、数年ぶりで会った母と娘の関係はここから奇妙な展開になっていく。廣瀬は家出を継続していたスズをスナックで働かせてほしいと頼み、母は快諾。廣瀬までアルバイトに雇うのだ。店には女の子をひとりしか雇っていなかったので、手がまわらず困っていたというのが表向きの理由。本音では、娘への罪滅ぼしや近くにいてほしい気持ちだったと思われる。

「私たちが入ったことでお客さんが増えたんですよ。だってスズがいるからさ、強いよ」

　コンパニオン時代、中学生の身でオヤジたちを手玉に取っていたスズの接客力は本物で、店は上昇気流に乗った。スズがいることで母との関係も良くなり、母の住居にふたりで転がり込んだりもした。

「広い店ではないけれど、女の子六人くらいいるとちょうどいい。『魔罹唖』を作るとき、この店があれば仲間たちに仕事を作ってあげられると思ったりはしたかな」

　そのアイデアは現実のものとなり、母のスナックはメンバーのバイト先兼たまり場として重宝されるようになる。僕は現在の廣瀬しか知らないが、この発想にはいまに通じる彼女の性格が反映されていると思う。ひと言でいうと……。

「姉御肌《あねごはだ》！」

即座にカンゴローが正解をだしてきた。

「一八歳くらいで、これから作ろうとするレディースに参加する仲間の仕事や収入面のことが頭に浮かぶ総長は少ないでしょう。考え方が経営者みたいだ」

レディースに参加するのもそれなりに出費がかさむ。不良丸出しの外見ではバイトすることすらままならず、援助交際や風俗店などで〝女を売って〟やりたくもない仕事をしがちでもある。悪事に手を染めるのは平気なくせに、廣瀬は後輩に悲しい思いをさせたくない気持ちが強い。そこまで面倒を見てくれる総長なら、ついてきてくれるはずだという計算もあっただろう。

「深く考えてなかったけどね。あと、目の届くところにいる安心感もありました。母のスナックで働かせてあげれば、トラブルも回避しやすいじゃないですか」

ところで、姉との関係はどうしていたのだろう。親がケンカをしていても自室で静かに読書しているまじめな努力家で、妹とも一定の距離を保って接するようなイメージがあるが、絶縁関係のままだったのか。

「姉ちゃんは埼玉県の大学に進学して、まともな方法で実家を出てました。私が母のスナックを手伝い始めた頃はオーストラリアに留学中。あの人は大学時代に医療事務とかピアノの先生、英会話、通訳、保育士、社会福祉士など資格をたくさん取って自立の準備を進めていました。私と同じく父の再婚相手とうまくいかず、実家へ戻ることはなかったですね。私のことも『バカなことしてんじゃねーよ』みたいに思ってたはずだけど、留学から戻ってきた頃から母や私と急激に接近して、かつてないほど仲良くなるんです」

廣瀬の人生を彩るエピソードは、ここでも僕の想像を超えてきた。姉妹関係の修復も意外な形で実現していくのだが、それからの『魔罹啞』とも同時進行するので、なるべく時系列に沿って話を進めていくことにしたい。

売人ほどおいしい商売はない

ひとつ疑問があった。後輩に対して甲斐性《かいしょう》のある総長でいたい廣瀬の収入面である。母の店で働けば食べるには困らないとしても、それだけで足りたとは思えない。特攻服を作るにも、後輩たちに飲み食いさせるにも金がかかる。売人は稼げる商売なのか。

「もう、ジャンジャン。扱っていたのはおもにシャブ（覚せい剤）でした」

どういうきっかけで、売人という危ない橋を渡ることになったのだろう。

「ケツ持ちの話をしたでしょう。その人を後ろだてにして売（バイ）をやることにしました」

当時、覚せい剤の相場は仕入れ値が一〇〇グラム三〇万円ほど。廣瀬は一グラム入りのパケ（仕入れ値三〇〇〇円）を相場より少し安い二万円で客に売っていた。利益は一パケで一万七〇〇〇円だから、やたらと割のいい商売だ。

売れたら利益の一部を上納金としてケツ持ちに納める。一〇〇グラム仕入れて完売すれば一〇〇万円以上が純利益として手元に残る。シンナーは一斗缶（一八リットル缶）で仕入れて小分けして売る。儲《もう》かるのは断然、覚せい剤だった。

買い手を見つけるのは簡単だ。売人を始めたという情報を裏社会に流せばこと足りた。

「クスリが欲しけりゃ明美に頼めと噂になる。悪い友だちがいっぱいいるから、客はいくらでも見つかりました」

他にも売人はいるのに繁盛したのは、顔の広さに加え、妙に商才があったからだ。廣瀬はクスリが欲しいとなると一刻も早く手に入れたがる客の心理をよくわかっていて、電話一本もらえれば、すぐ用意して配達する。夜になるのを待ってとかではなく、宅配便を届けるように堂々と取引するので人気はうなぎ上りだった。

「客の金払いはいいし、現金がなかったら一八金のネックレスや指輪を預かってシャブを渡すとか臨機応変にやってました。昔は悪っぽい人は太い一八金喜平《きへい》ネックレスを身に着けていて、ああいうのをいっぱい、じゃらじゃら渡されて『これで売ってくれ』とかね。その人が捕まったり取りにこないときは質屋で換金。とにかく、おもしろいように売れた。ひとりじゃさばききれなくなってきて、仲間の男の子とかに卸すようなこともしてました。私、お金持ってたもん。売人をやめてから『あの頃、何億稼いだ？』と言われるほど儲かった」

億の単位だったとは……。覚せい剤が暴力団の資金源になっていると報道されても、実物を見たこともない人にはピンとこないだろうが、こういう話を聞くと本当のことなのだと思い知らされる。

覚せい剤を最初に使用したときは気分が悪くなった廣瀬が、性奴隷にされていた期間は快感の虜《とりこ》になっていたことはすでに書いた。でも、その快感は監禁体験とセットになっていたから、二度と手を出さない……とはならない。その証拠に、監禁から解放された廣瀬がつぎにつきあった相手は、やはり覚せい剤常習者の暴力団員だったのだ。

「一七歳のときかな。その人に教わったときはすごく良くて、それがハマった最初の一歩。その人がいないと打てないから、クスリが好きなのに相手のことを好きなんだと錯覚して、その人なしでは生きていけないような気持ちになる。私だけじゃなくて、よく聞く話だよ。会うとくれるから、家でもあぶって吸っていた。覚せい剤をやると食事をとらなくなるので、一時は三〇キロ台まで体重が落ちてました」

気前良く覚せい剤をもらえるのは、セックスの相手としてだけではなく女性に利用価値があるため。覚せい剤が欲しいあまり、言われるがままに行動するようになるのである。たとえば廣瀬をスナックで働かせ、オーナーに「あの女は一八歳以下じゃないか」といちゃもんをつけて金を取るなど、手下として好きに使えて便利なのだ。しかも、裏切れば覚せい剤が手に入らなくなるので、もし捕まっても警察に入手先をばらす確率が低い。

廣瀬と覚せい剤の関係はその後も続いていくが、皮肉なことに、ひどい中毒にならずに済んだのは売人をしていたからだった。売ってくれと必死な客を日常的に見ていると、醒めてくる。さんざん金を使ったあげく、身体がボロボロになって死ぬ客もいたりするからなおさらだ。

「いつでも入手できる立場ということもあるし、原価いくら、売り値がいくらとわかったら自分で打つのがバカらしくなり、客に売って稼ぐほうが楽しくなっちゃった。部屋にいるだけで注文が入ってきて、私は一グラム入りのパケを作って渡すだけ。こんなラクな商売ないですよ。イケイケだったから、捕まるリスクとかも考えずに行動していた」

稼いだ金の一部は貯蓄したが、大半は『魔羅啞』のために使われた。

後輩たちに食事をふるまう。引き連れて飲み歩く。ホストクラブに一五人で乗り込み、後輩からは「さすが明美さん」、ホストからは「レディースのお姉ちゃんたち、かわいいねえ」とちやほやされる。そういうことをするのが器《うつわ》の大きな総長というものだ。かわいい後輩から覚せい剤をせがまれれば、他の売人から買って中毒になるくらいなら、危険にならない量を自分が分けてやるほうがいいと、勝手な理屈をつけてタダで渡したり、仕入れ原価で売ったりすることもあった。それが『魔羅啞』のためでもあるのだと。

「あぶく銭で見栄《みえ》を張る。後輩を連れて『好きなだけ食え』とやってれば人は集まるじゃないですか。そばにいれば奢《おご》ってくれるんだから寄ってきますよね。それなのに、私はカリスマ気取り。『せんぱ〜い！』なんて神様みたいに扱われ、いい気になってた。母は私の金遣いや言動から、売人やってることに薄々気づいてたと思いますよ。だけど、当時は私も母への態度がひねくれていて、注意されると『てめーに捨てられたからこうなったんだよ』くらいは言っていた」

過激なシメ会でとうとう新聞沙汰に

逆らう人間がいなくなったことで、廣瀬の狂暴性は影を潜めたのか。『魔罹啞』が地元を制し、売人で稼ぐようになって、おだやかな人間になれたのか。そんなことはなかった。闘う相手がいなくなると、その凶暴性が、今度は『魔罹啞』を維持するために使われるようになった。

「ルール違反したメンバーには容赦なかったです。アメとムチじゃないけど、面倒を見る代わりに裏切り者は許さないのが鉄則で」

たとえば、暴走族（男）のバイクに乗せてもらうことは、硬派のレディースという看板に泥を塗る行為としてルール違反と見なされ、呼び出されて取り囲まれる。集会を無断で欠席したり、納得できる理由がないのに脱会するのも御法度《ごはっと》だった。

掟破《おきて》りにはシメ会でのきびしい罰が待っている。裏切ったと見なされる仲間へのリンチはレディースでしばしば行われていた。たとえば、二〇〇三年には愛知県のレディースが脱会を申し出た中学生を七人で殴る蹴るの暴行。タバコの火を押しつけ、髪を切るなどして逮捕されている。

『魔罹啞』でも当然のように暴力が振るわれていた。

「乳首カットってわかります？」

「おきて破って男と遊んだ」

女暴走族が集団リンチ

15—19歳の6人 傷害容疑で送検

女ばかりの暴走族で、おきてを破って男と遊んだことを理由に集団リンチが行われていたことが分かり、栃木署は7日、栃木市や下都賀郡の15～19歳の少女6人の身柄や書類を、傷害容疑で地検栃木支部に送ったと発表した。

この暴走族は、県南を拠点に活動していた「魔羅啞」（解散届を提出）で、栃木署は6月、総長の無職少女(19)ら4人を傷害容疑で逮捕し、2人を任意で取り調べていた。

調べによると、総長は、構成員の一人だった当時15歳のアルバイト少女が、男と遊ぶなど身勝手な行動をとったとして、他の構成員に「シメ会」と称した集団リンチを加えるよう指示し、構成員5人は4月22日、この少女を栃木市内の公園のトイレに呼び出し、殴るけるの暴行を加えて、顔に約1週間のけがを負わせた疑い。

この暴走族は、同じ中学校の同級生や先輩後輩などで構成し、「男と遊んではいけない」「男をバイクの後ろに乗せてはいけない」などのおきての下で、オートバイなどを乗り回していたという。

とうとう新聞沙汰に。「総長の無職少女（19）」は廣瀬のこと。

初めて聞く言葉だが、なんとなく想像はできる。まさか罰としてそれを？　こちらの表情を読み取って廣瀬がうなずく。

「カッターナイフでピッと切る。神経が集まっているところだからすごく痛いんですよ。それを平気でやってました。あるとき、やりすぎて捕まるんですけどね」

全裸にして砂を食べさせたり下半身に暴力をくわえるリンチをし、髪を切り落とそうとしたところで逃げられ、警察沙汰になって新聞報道までされたのだ。裏の世界ではすでに有名人だった廣瀬が、極悪なレディース総長として地元に知られるようになる決定的な出来事。廣瀬は逮捕され、示談が成立したことと未成年だったことで起訴は免れたものの、レディースの解散を迫られることになった。

「警察に『わかりました、解散します。総長もやめます』と。でも、私にとっては生きがいのようなものだったから、終わりにしたくなかった。そこで、総長からは退いた形にして、ほとぼりが冷めた頃に私とは無関係なレディースとして『魔羅啞』を再スタートさせた。総長を務めたのは一年ほどでしたが、二代目にナナという子を指名して、今度は〝会長〟のような形で関わり続けるんです」

延命に成功してから『魔羅啞』は、〝会長〟の庇護のもとで代を重ね、なんと一六代まで継続していくことになる。少なくとも栃木では、これほど長く活動したレディースはない。自分で作り、最後まで関わることのできた『魔羅啞』は、廣瀬にとって特別な思いの詰まった宝物なのだ。

僕とカンゴローはレディース時代の話を聞くたびに、青春の思い出話のようだと感じていた。中一でドロップアウトした廣瀬が、たったひとつ、自分の意思で作り上げ、人間関係を築き、利害関係抜きに楽しめた世界がレディースでの活動だった。

興味深いのは、それが女だけの集団だったことである。廣瀬には常に彼氏がいたが、恋愛関係とは言い難かった。恋の悩みなどまったく話題にならないし、アクセサリーのように相手も代わる。

女の園であるレディースは男子禁制の集団。男に手を突っ込まれ、グシャグシャにされる恐れがない。それが、友情に飢えていた廣瀬にとって貴重だったのではないだろうか……。

さて、元の生活に戻った廣瀬は、母親が営むスナックを拠点に後輩たちと遊び、オーストラリア留学を終えた姉となぜか仲良くなって、つかの間の平和を楽しむことになった。相変わらず羽振りは良く、先のことなど考えず〝いま〟を謳歌する毎日だ。

「姉ちゃんと住むようになりましたからね。ちょっと気が合うようになってきた。姉もスナックを手伝い、私の後輩とも仲良くなってました。私と違ってクスリに手を出したり裏社会とつきあうこともなかった」

おっかない総長にずけずけ物を言える存在として、姉は後輩からも一目置かれたらしい。金で歓心を買う廣瀬のやり方を注意してくれる唯一の存在でもあった。

しかし、平和は長く続かない。偽装《ぎそう》解散して『魔罹啞』を存続させるトリッキーな方法を当局が快く思うはずがなく、反社会勢力とのつながりなど悪い噂が絶えない廣瀬は警察にマークされる要注意人物になっていく。

そして、再び逮捕の日がやってきた。

6 緊急招集！『魔罹啞』同窓会

『魔罹啞』での日々は、廣瀬にとって何物にも代えがたい思い出だが、レディースがどういうものか知らない僕には、彼女たちの結束や友情、世代を超えた先輩・後輩のきずなに迫れていないもどかしさがあった。そこで、三人の後輩を招集。彼女たちの目に廣瀬はどう映っていたのか。あの頃のことから、社長として活躍する現在の〝総長〟についてまで語り合ってもらうことにした。

明美（廣瀬）初代総長
ナナ 二代目総長
トモ 八代目総長
トンコ 八代目特攻隊長

『魔罹啞』は不良少女の憧れ

――みなさん、よろしくお願いします。まず、二代目総長のナナさんに、側近中の側近として明美総長がどのように見えていたか伺いたいです。『魔罹啞』の明美はそんなに有名だったんですか？

ナナ 私は中学のとき、ひとつ上の先輩の紹介でお会いしたんです。もちろん聞いてましたよ、お噂はいろいろ。

明美　その言い方、ははは。ナナは栃木では悪くて有名だったし、美人だからスカウトしました。レディースの総長って強いだけじゃなくて、華がないとダメ。みんなを惹きつけるカリスマ性が大事だと思ってて、その意味でも早い段階で二代目はこの子だと決めていたの。実際、ナナに憧れて入ってくる子も多かったので、思い通りの展開になりました。

ナナ　入ったばかりの頃は、栃木の駅前とかに集団で行って茶髪の女の子に「入らない？」と声をかけたりしてたなあ。

明美「入りませんか」じゃなくて「入らないの？」と勧誘してた。あとはケンカだよね。レディースができたと聞けば呼び出す。

ナナ　みんなで行って、相手も何十人かできて、明美さんが「タイマン張るべ」となるんだけど、だいたい相手が引いちゃって「下につきます」になる。

明美　そう言われればもう終わりだから、実際にタイマン張ったことはそれほどない。

ナナ　明美さんは名前が知れ渡っていて、畏《おそ》れ多いと思われていたので、ケンカを売ってくる人はまずいないんです。細くて華奢なんだけど気持ちが強いタイプ。あと、若い頃は常に刃物を持ってた。カッターナイフとか、小さなバタフライナイフ。

――本人からも聞きましたが、すぐ刃物で刺すというのは大げさな話じゃないんですか。

ナナ　脅すためじゃなくて、使うために持ってる。何かあればすぐだすし、スッと刺す。直接のケンカ相手がいなくなっても、後輩がトラブルに巻き込まれたりしたら黙ってないから。敵にまわしたら本当に怖いって感じだよね。クスリでおかしくなった後輩とかに「何やってんだよ、ふざけんな！」みたいに詰めていく感じは迫力があった。あと、礼儀にきびしい。自分に対してじゃなくて、明美さんの先輩とか目上の方に対する礼儀はたぶんうるさいぐらい指導された。後輩たちもその年の子にしては礼儀は、ちゃんとしてたんじゃない？

トモ　伝わってましたね、『魔罹唖』の伝統として代々。

トンコ　周囲からも『魔罹唖』は礼儀がやっぱりすごいねと言われていました。

明美　挨拶だけはちゃんとしようぜと。タバコ吸うときも「タバコ失礼します」とか。どこかのヤクザに教わったのかな。あと『悪女会』にいたときの先輩からも学んだ。

ナナ　曲がったことが嫌いというか、うるさいほど嘘をつくなと指導する。でも、やっぱり怖かったですよ。出会ったときが一五歳くらいだったけど「この人ヤバい」と思った。私、最初は全然近寄らなかったもんね。みんなが「明美さんちに行くべ」と言っても「私はいいよ」と。

トンコ　うちらも緊張してました。伝説の初代みたいな感じで。

――トモさんとトンコさんも誰かの紹介で入ったんですか？

トモ　私たち、中学が同じで『魔罹唖』に憧れていたんです。先輩が入っていたので紹介してもらって「入りたいんですけど」って。本当は高校生からなんだけど。

トンコ　そのとき言われたのは「魔罹唖はかわいくないと入れないよ」だった（笑）。

ナナ　やっぱりレディースって、「カッコいいな、こういう人になりたいな」という動機で入る人が多いと思う。怖さもカッコよさの要素って感じ。

新しいレディースができたらすぐにつぶせ

トンコ　うちらの頃は中学生でも入れた。魔罹唖予備軍というのを明美さんやナナさんが作ってくれて。私は親が離婚して、勉強も嫌いで、もうグレちゃおうと思って。

ナナ　ちょこっとグレてるとか、そういう子は自動的にじゃないけど、ほぼ魔罹唖にいたもんね。憧れからか、みんな入ってきた。トンコのことも憶えてる。悪かったもん。先輩んちに行くとシンナーの袋をぶら下げている子。

トンコ それは明美さんもでしたよ! で、予備軍ではあったけど集会とかは中学生から参加してた。うちのお兄ちゃんの運転で連れていってもらってた。

ナナ お兄ちゃん!

トンコ ただ、中学生は特攻服に刺繍入れちゃダメだったので、無地のを買って着てた。

トモ 予備軍は『魔罹啞』の刺繍を入れられないんです。中学を卒業してからふたりで作りに行った。予備軍が一気に卒業して正式メンバーが増えた時期ですね。で、そのメンバーの中で私が八代目の総長をやらせてもらって。そのとき明美さんから言われたのは「新しいレディースができたらすぐにつぶせ」でした。

——考えにブレがない(笑)。トンコさんはトモさんの右腕的な存在でしたか。

トンコ 頭が悪くてケンカ好きな私は特攻隊長。ずっとコンビでやってて、いまも仲がいい。

トモ 腐れ縁です(笑)。傷害事件を起こして鑑別所(犯罪を犯して逮捕された未成年が二週間~四週間収容される施設。正式名称は少年鑑別所)に入ったときも一緒だったくらいで。

ナナ トンコはケンカっ早いからねえ。

トンコ 行っちゃうんで、私(笑)。すぐ手が出ちゃう。

——男の暴走族とのつきあいや距離感はどんなふうでしたか?

明美 まあ仲良くしてました。集会とかで一緒になるので。

トモ そういうときは一緒に走ってました。

——男のバイクに乗せてもらうのは禁止だけど、一緒に走るのは〝媚売る〟行為じゃないからいいと。

トンコ　やっぱり男に負けたくないというのがあったので、毎週集会へ行って走る。二度事故って、ナナちゃんに「三回目やったら死ぬよ」と叱られてからはトモのケツに乗って。

トモ　落としちゃいました（笑）。気づいたら乗ってない！

トンコ　ロングの特攻服着てタスキ巻いてたんで絡まっちゃって、気づいたら病院にいた。

いつもそばに暴力があった

――『魔羅唖』は一六代まで続くことになりますが、その以前に消滅の危機はなかったんですか？

明美　しいて挙げると三代目のときかな。総長になったのに、会長の私が仕切ってるようなものでしょう。それで、力をつけてあわ良くば自分が会長にって思ったのかもしれないけど、周囲がついていかなかった。あとは五代目のときにメンバーが激減しました。クスリでおかしくなってたんだか、デニーズにみんなでいたとき、ひどいことをして一気に人望をなくした。

ナナ　急にキレだして、理不尽なことを言いながら雨が降ってる駐車場で「土下座しろコラァ」。暴力も振るうし、後輩が「ついていけない」となるのも仕方がない。土下座させられた人間がバタバタとみんなやめた。

明美　納得できない理由でボコボコにされて「やめます」と言われたら、私でも引き止められない。

――そのピンチを乗り超えてトモさんが八代目に。半年から一年周期で代替わりして二〇〇〇年代に入ったあたりですが、どんな事件を起こしたんですか？

トモ　集まりに来ない後輩を足利《あしかが》まで連れに行ってリンチして監禁したら訴えられて。原因は、バックレてやめようとしたこと。やめるときにはちゃんと言わないと。まあ、言えば言ったで殴りますけど（笑）。

明美 ケジメは大切（笑）。ナナが少年院（鑑別所で鑑別の結果、矯正教育が必要と判断されると送られる矯正施設）に行っているときに、彼氏がほかの女の子に手をだしたときがあった。中（少年院）にいるのに何やってんだコイツ、ですよ。ナナが出てきてショックを受けないために私ができることはなんだろうと考え、とりあえずその女のほうを追っかけまわしてやりましたよね。出てきたあとも、その男が浮気していると一緒に乗り込んでいって、相手の女を攻撃する。

ナナ 明美さんは怒ったら怖いけど、頼りがいがある。何か困り事があれば、生活や彼氏のことでも相談に乗ってもらってた。

――でも後輩への情が濃すぎて危険な面もある？

ナナ たしかに、刺激するとすぐ動いちゃうからヘタに聞かせられないですね。だけど、やっぱり聞いてほしくて喋ってしまう。私がつきあった男のことで悩んだときなんて、明美さんも一緒になって「もう殺しちゃおうか」ってなる。悲しいときは一緒に悲しみ、嬉しいときは一緒に喜んでくれる人だから、私は明美さんのことをいまだに「お姉ちゃん」と呼ぶんですよ。捕まったときも、そう。少年院って親しか面会できない。だけど毎月、親がくるたびに「明美ちゃんが雑誌持ってきてくれたよ」とか差し入れもらってました。

明美 でも、下の代には残酷なこともしていた。シメ会とかも普通の殴る蹴るじゃなくて全裸にするとか。

――インタビューで軽く聞きました。そこまでする理由がわからなくて完全に引いたけど。

明美 男の単車の後ろに乗って海に行ったとか、集まりに来なかったとか、いろんな理由で学校の校庭に呼び出して。

ナナ それがリンチにつながったんです。殴ったり蹴ったりの暴力を振るったあとで裸にして、砂場で砂を食わせたりとかホースで水をかけたり。根性焼きも。

明美　局部にモップとか棒を突っ込んじゃうとか。

——めちゃくちゃだ。何度聞いても恐ろしい話ですが、ナナさんもその場にいたなんて。今日はこんなにおだやかに話をしているのにショックです。

ナナ　あの頃、私はもっとキツい顔をしていたと思う。

——たしか髪の毛を切ろうとしたときに全裸で逃げ、事件になったんですよね。ヘタをすれば生死に関わったんじゃないですか？

ナナ　その可能性はあったと思います。警察署で写真を見せられたらアザがすごかった。『魔罹唖』に入ってすぐ、そういうシメ方をしているのを見て、それが普通だと思ってやっていたんですよ。やられてあたり前。裏切った罰だよと。

——トンコさんとトモさんは、その伝統も引き継いだ？

トンコ　そこまではないです。できない。私たちのときは青タンができる程度だったよね。

明美　やりすぎだよね、いま思えば。クスリをやっていたわけでもなく、シラフでやってたんだから。

——集団心理や総長としての気負いもあったんですかね。

明美　いや、そうでもない。一対一でも私はそういうことをやっていた。頭のいかれたヤバいやつです、本当に。ナナもあの頃は私に負けないくらい怖かった（笑）。

情の深さも底なしだった

明美　その後は時代が変わってヤンキーが流行《はや》らなくなっていくんだけど、私やナナみたいな上の代と下の代は途切れずに関係が続いていくんです。

トンコ　私は途中で裏切ってやめていた時期もあったんだけど、許してもらって。考えてみれば、ずっとお世話になってばかりいますね。

ナナ　明美さんは面倒見がいいから、引退してからも「お金に困ってます」みたいに後輩に頼られると放っておけない。うちら後輩にとって、本当の妹のようにかわいがってくれる存在というのかな、そんな人、探してもいないですよ。トンコは明美さんのところに居候《いそうろう》していたこともあったよね。

トンコ　レディース卒業した後、夜は明美さんのお母さんのやってるスナックで働かせてもらって、だけど男ができて私が失踪し、いろいろあって地元に帰ってこれなくなったとき、「助けてください」と連絡して、（その筋の人たちと）話をつけてくれたのも明美さん。ナナさんも一緒に迎えに来てくれた。

トモ　とことん面倒を見るのがすごいし、真似できない。

ナナ　後輩連中でも裏切った子も大勢いて、必要以上に大事にする分、悲しい思いもしてきたと思う。昔から人を集める力があったよね。みんな「明美さん、明美さん」って慕って、おうちがたまり場になって、入れ代わり立ち代わり人がきて、いつも誰かしらいた。

――最初のうちは怖がっていたナナさんも、明美さんに惹かれて中心メンバーになっていくし、代を譲って引退しても関係が切れない。

ナナ　『魔羅唖』には一八歳までで引退するというルールはなかった。

トモ　私とトンコは鑑別所を出たら一九歳になっていて、それから引退。そういえば、誰かが出てくるたびに出所祝いをしてましたね。だいたい現役の中で誰か少年院や鑑別所に入っているから。

――明美さんのときも出所祝いしたんですね？

ナナ　明美さんの場合は少年院や鑑別所でなくて刑務所だったから、特別にみんなでお祝い。二十代半ばになっててレディースとかじゃないんだけど、それでも集まったね。

——『魔罹啞』が終わるのは、明美さんが刑務所に入って不在になったことも理由だと思うのですが、レディースそのものが時代にそぐわなくて人が集まらなくなったんでしょうか？

トンコ かわいい子がいなくなったんですよ。「魔莉啞、ブスばかりになった」とさんざん言われた。

ナナ ははは。カッコいい存在じゃなくなってしまったのはあるよね。

明美さんは変わってない

——聞いていると、表面的ではないつながりの濃さを感じてしまいます。当時のレディースは、何かの理由でグレてしまった女の子たちが、居場所を求めて吸い寄せられてくるところだったのかな。

トンコ それはあるかもしれない。

明美 泣いて、笑って、ラリって、暴れて、全部そろってたもんね。年齢とともに人間関係が増えていくけど、レディースの仲間や後輩は特別。やっぱり『魔罹啞』は私の青春そのものなんだよね。昔みたいにしょっちゅう会えなくても、多くの時間を一緒に過ごした三人はいくつになってもかわいい後輩たちで、一生もんのつきあいにしたいと思ってます。

——みなさんは『魔罹啞』以後、どうされてきたんですか？

トンコ 私は覚せい剤などで二回刑務所行って、最近まで横浜で働いていました。いまは結婚して地元です。再婚で。子どももいます。

トモ 私はずっと栃木を出ていません。レディースをやめてからは、上の代とはつきあいがあるけど下とはないなあ。仕事は水商売。十代は明美さんのお母さんのスナックを手伝って、その後は別のところで。結婚はしてなくて……家庭に向いてないと自分で思います。

時を経ても初代総長をリスペクトする後輩たちの気持ちは変わらない。

ナナ　私も結婚したことがないけど一七歳でひとり産んで、いま子どもは二二歳。ほとんど両親に育ててもらいました。仕事は水商売ですね。

――明美さんが会社を経営し、出所者を受け入れていることについてどう思われますか。

ナナ　素晴らしいですよ。顔つきからして変わったよね。優しい顔になった。お母さんの顔。

トモ　尊敬します。『魔罹啞』にいて良かった。

ナナ　昔の話を聞いて、信じられないという人が多いと思うんですけど、私から見た明美さんは、あの頃と変わってない。人を集める力、惹きつける力は十代からあって、面倒見の良さとかもそのままなんで、そこまでビックリはしなかったです。いまは社会のためにいろいろやられてる。若い頃、罪を犯してきたけれども、逆にそれを償《つぐな》うかのように一所懸命じゃないですか。すごいし、誰にでもできることじゃない。

明美　悪いほうでてっぺんまでいったから、今度はいままでの恩返しのつもりなの。

ナナ　中途半端が嫌いな人だから、やるなら一番にならないと気が済まない（笑）。

――『魔羅啞』の頃、こういう未来が待っていると？

トンコ　全然。未来そのものを考えてなかった。

ナナ　「あの明美さんが」ではありますよね。だけど、社員さんに夕食を食べさせたりするでしょ。思えば昔から料理が上手で作ってくれてました。

トンコ　「タケノコご飯、教えてあげるから作ってみな」と言われたなあ。いまでも作ってます！

第2章
女子刑務所は修羅の花園

1　売人〝明美〟の逮捕

踏み込まれた部屋に大量の覚せい剤

二〇歳になっても、売人で稼ぎ、あぶく銭の多くを後輩の面倒を見るために使う生活に変化はなかった。外の世界に興味が向かうこともなく、毎日が楽しければそれで良かった。

世の中は広い。若いのだから、あれもこれもしてみたいと考えそうなものだが、廣瀬には自分の生活圏が世間のすべて。それ以外は視野にすら入っていなかったという。どうせ自分ははぐれ者だと開き直っていたのかと思っていたら、そうではなかった。

「電車通勤する会社員とか、一家団欒の明るい家庭とか、身近にはないからリアルに感じられず、自分と関係ない世界の話だと思ってましたね。雑誌に載っている初任給いくらなんて記事を見ても、給料ってそんなものなんだと感じるだけ。ニュース番組も見ないし、堅気の生活を知らないから興味が持てない」

それでも困らないのは、裏社会の中でうまく立ちまわることができていたからだろう。じっと聞いていたカンゴローが言う。

「グレてしまったら一直線に堕《お》ちていきそうなものなのに、レディースを作って勢力を拡大した。悪い仲間や先輩、ヤクザ組織ともうまくやっていける。仕事でも評価される。迷わないのがいいのかな。

自分ではどう思いますか？」

「やると決めたことは一所懸命できるんですよ」

「惜しいことに、能力の使い方を間違えていた」

「あはは、その通りです」

そうなのだ。善悪を抜きにすると、廣瀬は高収益商品を取り扱い、機敏なフットワークで売り上げを伸ばすことに成功。仕事のできる女として信頼と実績を得ていた。金はある。裏社会とのつながりも強いから肩で風切って歩ける。若くて利用価値が高いので男にちやほやされる。遊びの誘いも多い。

自分が作った『魔羅唖』という居場所もあった。そこでは後輩に頼りにされ、慕われ、私がいないと始まらないという女王様気分まで味わえる。地元で楽しくやっていく条件は整っていたのだ。

警察からマークされていることはわかっていた。集団リンチ事件の際、取り調べした刑事に言われた「おまえのことは許さない」を忘れることはない。住んでいた三階建てマンションの最上階の窓から、張り込みをしているらしき人影を見かけたこともある。警察かもしれないと、そのときは緊張した。

でも、いつまでたっても捕まる気配がないと心に隙ができてくる。あれ、もしかして私を捕まえることをあきらめたのかな……。

客は何百人もいて、ひっきりなしに電話がかかってくる。たいていは「すぐに欲しい」だ。注文があると素早く配達するのが廣瀬のやり方だったが、手がまわらなくなり、常連客には住所を教えて部屋まで取りにきてもらうようになった。

そんな客が毎日一〇人もいれば目立たないはずがない。じつはこのとき、廣瀬は長期にわたって内偵捜査をされていた。どこから仕入れ、誰に売っているか、時間をかけて証拠固めをされていたのだ。

そして、ついに逮捕の日がやってきた。

「動くな！」

早朝の六時、寝ているところへ踏み込んできた刑事たちが、ドラマのワンシーンのように叫ぶ。うるさいなぁと思って目を開けると、ベッドのまわりを取り囲まれていた。何事？　しまった、シャブを隠していない……。

「これ、そうだな」

「あ、はい」

言い逃れのしようがなかったのは、テーブルに覚せい剤や箱入りの注射器を出しっぱなしにしていたからである。

警察がきたときに備えて、見られてはまずいものを隠し、在宅時も鍵をかけておくのは売人の鉄則。いつもはそうしているのに、この日にかぎって鍵を閉め忘れるミスを犯したのである。

その頃、廣瀬は姉と部屋を借り、姉の恋人を加えた三人暮らしをしていたのだが、姉の恋人はトラックドライバー。悪いことをしていないので用心深くもなく、朝四時に起きて鍵を開けたまま仕事に出かけていた。その結果、覚せい剤などが丸見えの状態で寝ているところを踏み込まれる間抜けな事態になってしまったのだ。

おおらかというか、いかにも脇が甘い。もしも僕が売人だったら、警察に監視されている可能性を感じただけで撤退を考えるだろう。稼げなくなったとしても捕まるよりマシだ。でも、廣瀬の頭に売人引退の選択肢はなかった。

「いざというときにはブツをトイレに流せば問題ない。注射器があってもシャブさえ見つからなければ、仮に捕まっても執行猶予つき判決になる、と聞いていたからタカをくって、片づけもせずに呑《のん》気《き》に寝てた。警戒心が薄れていたんでしょうね」

廣瀬には悪いが、壮快なエピソードだと思う。悪いことをすれば捕まり、罰せられるのが世の中のルール。いつまでも、やりたい放題が許されていいはずがない。

一〇年ぶち込んでやるかんな

「おまえな、一〇〇グラムの覚せい剤を自分用なんて言うんじゃねえぞ。こっちも証拠があってきてるんだからな」

取調室で尋問が始まった。

「違うって。本当に自分で使うためにまとめて買っただけ。売ったりしてねえよ」

刑事に詰め寄られても、売人ではないと否認する。明らかな嘘だが、突っぱねるしかない。

覚せい剤取締法違反は、覚せい剤および原料の輸入・輸出・製造と、譲渡・所持・使用のふたつに大きく分けられる。罰則はいずれも一〇年以下の懲役だ。多いのは後者。廣瀬の容疑もこれで、所持はすでに確定し、残るは使用と譲渡。営利目的で所持していたほうが量刑が重い。だから、捕まったときは営利目的じゃないと答えるのが定石《じょうせき》。所持と使用だけなら、執行猶予つき判決で済む可能性もある。

姉と、もうひとり泊まっていた覚せい剤をやらない後輩は尿検査を終えて解放され、逮捕は自分だけ。ここはがんばりどころだと、尿検査で使用が確かめられるのを待った。

ところが、覚せい剤が出なかったのだ。

これまでにも書いたように、廣瀬は早くから覚せい剤を使い、その快感も熟知しているが、中毒というほど溺れてはいなかった。この時期は身のまわりにいくらでもあって、いつでも使える安心感から、使用頻度が減っていたのだ。使用を快く思わない姉の前でわざわざ打つこともなく、薬物成分が身体から抜けていたのである。

「自分でやると言ってこんなに持ってて、それで出ないんだから売人なんだおまえは」

「ちが〜う」

「そんなの通用しねえぞ」

廣瀬によれば、取り調べは執拗《しつよう》で、同じような質問を何度も浴びせて受け答えの矛盾《むじゅん》を突こうとしてくるらしい。暴力は振るわれないが、机をバンと叩くくらいのことはする。かと思えば優しいことばもかけてくる。常套句《じょうとうく》である〝親御さんが泣くぞ〟や〝自白したほうが罪が軽くなる〟も使われ、全面自供に誘い込むのだ。

リンチ事件を憶えているその刑事は、廣瀬の過去（リンチによる逮捕歴）を持ち出し、犯罪に対する抵抗感のなさをネチネチ責め立ててもきた。

「刑事さんは私を立ち直らせようなんて思ってなかったんじゃないかな。売人をひとり捕まえたところで、また新しい売人が出てくるだけでしょう。欲しいのは仕入れルートや組織の情報なんだと思います。でも、言うわけないじゃないですか。で、ずっと平行線」

売人であることを認めて供給先を白状すれば組織に対する裏切り行為となり、信用を失うどころか、この先商売を続けることさえ難しくなる。地元で一目置かれる『魔罹啞』初代総長としてのプライドもあった。

「明美さんは洗いざらい喋ったらしい、エラそうなことを言ってるくせにダサいよね」

そんなふうに後輩から言われるくらいなら死んだほうがまし。だから、何度訊かれてもかたくなに否認した。

「売ってないもんは売ってないんだよ」

「どうしても認めないなら勝手にしろ。おまえ、一〇年ぶち込んでやるかんな」

身体から覚せい剤が出なければ使った証拠が得られず、所持だけで実刑一〇年は難しい。どうせ脅しだ、気にすんな。

「何度も言うけど、あれは自分用に買っただけだよ」

被疑者が反省して全面自供するストーリーをあきらめたのか、ここで刑事は作戦を変えた。

「おまえ、これ見ろ」

出されたのは、覚せい剤の購買者が取り調べで喋った内容を記録した大量の調書だった。顧客リストなど足がつきそうなものは残していなかったので、売人である証拠が出ないことを期待していたが、そう都合良くはいかなかった。このために、警察はじっくり内偵捜査していたのである。

調書にあったのは知った名前ばかり。いずれも最近連絡がこない客だった。覚せい剤の使用者は、値段に不満がなければ、安全性を重視して買い慣れた売人からの購入を繰り返す。売人も安全な取引のできる常連客を大事にする。その点では同じでも、口コミで客が増え、暴走族関係のネットワークも持っていた廣瀬のところは注文がさばききれないほど繁盛。仕入れた一〇〇グラムのうち一〇グラムとか二〇グラムを売り子に卸《おろ》し、彼らが高校生などに売りさばいていたというから、なかなかの商売人だ。

そんなことをしたら大本《おおもと》の組織ににらまれそうなものである。にもかかわらず黙認されたのは、組織からの信用があったからだ。覚せい剤が急速に若者に広まった時代、廣瀬は組織を儲けさせてくれる有能な営業マンだったのである。

新規客の注文に追われていたことが盲点となり、廣瀬はなじみ客から連絡が途絶えた理由に考えが及ばなかった。せいぜい、よそから買っているのかなと思った程度だったが、彼らは捕まっていたのだ。勤め人や学生だから、警察の調べに素直に応じたようだった。

「みんな、明美から買ったと書いてあるだろう」

否認することばが出てこず、黙り込む。そしてとっさに考えた。

これ以上、シラを切るのは不可能だから売ったことは認めよう。でも、仲間や組織名を吐くことだけはやめよう。

方針が決まれば貫くだけだ。誰から買ったか、誰に売ったか、一切口を割らない廣瀬から、刑事は集めた調書以上のことを何ひとつ引き出すことができなかった。

懲役五年の実刑判決

周囲の反応は「明美、やっちまったね」という感じだったが、事件は新聞記事になった。

〈廣瀬容疑者の背景には暴力団も（中略）今年一の所持量〉

またしても地元をざわつかせてしまった。しかも、ギリギリ未成年で逮捕された前回とは異なり、今回は刑事事件として起訴され、裁判が行われる。

ケンカ三昧《ざんまい》だった頃もそうだったように、やけっぱちで動きまわっていた廣瀬は捕まることを恐れてはいなかったが、いざ捕まると、反省して落ち込むことはなくても、刑務所に入れられることへの恐怖心が芽生えてきた。

でも、裁判には元締め組織からのチェックが入るだろう。『魔罹啞』の後輩たちも傍聴にきてくれるだろう。総長として弱気な顔は見せられないと思った。こんなときでさえ、気にするのは世間ではなく身のまわり。あくまでもカッコいい明美を演じようとしてしまう。

「それで私、検察官や裁判官の質問に答えるときも開き直ったふりをしてました。悪いと思わないのかとか訊かれても『なんでもないっすねー』みたいな。拘置所の部屋に戻ると泣くくせに、傍聴席ばかり気にしてた。刑期についても『全然、何年でも自分はいけますよ』と裁判官に言っちゃう。バカだった。二二歳の自分、恥ずかしいよね」

僕はこれまでに数多くの裁判を傍聴してきたが、ヤクザとレディースが監視員と応援団のように傍聴席に並ぶ光景は見たことがない。被告人が傍聴人にアピールするため強気の発言を繰り返すことさえまれである。本音はともかく、裁判官に情状酌量の余地があると判断してもらうべく、反省のそぶりを見せるのが裁判の常識だからだ。廣瀬のように、わざわざ裁判官の神経を逆なでするような発言を繰り返せば、ひんしゅくを買うばかりでなく判決にも影響しかねない。

検察の求刑七年に対し、判決は懲役五年の実刑だった。求刑の七掛け程度の量刑が言い渡されるのはよくあることだ。尿検査の結果が陽性だったら所持と使用だけで済み、もっと軽い量刑になっていたかもしれないか、営利目的と見なされた分、重くなったのだろうと廣瀬は推測する。

判決を受けて退廷するとき、傍聴席に笑顔を見せると後輩たちが叫んでくれた。

「先輩、カッコいいっす！」

手錠に腰縄《こしなわ》姿で最後を締める。

「余裕だから。行ってくっから」

演技だった。嘘だった。これからどうなるのか見当もつかず、内心は不安でたまらなかった。

2 初めての刑務所暮らし

入所二日目に懲罰房送り

令和四年版『犯罪白書』によると、二〇二二年四月一日現在、日本には刑務所、少年刑務所、拘置所を合わせた刑事施設が八七カ所（起訴～刑が確定するまでが収容期間となる拘置所を除くと七九カ所）ある。このうち、女子刑務所は全国に一一カ所（女性収容棟のある施設二カ所を含む）。廣瀬が入ったのは地元からほど近く、全国でもっとも規模の大きい栃木刑務所だった。

「初日からびっくり。身体検査でその日の入所者が並び、素っ裸になって、お尻の穴まで刑務官に見せさせられるんです」

プライドなど一瞬にして吹き飛ぶ徹底的なチェック。外では肩で風切って歩いていたのに、刑務所ではそうはいかないことを思い知らされた。自由を奪われるとはどういうことか、刑務所の管理体制がどういうものか、全裸身体検査は新入りに屈辱感を与えるための儀式なのかもしれない。

お尻の穴まで調べられたことにショックを受けたとはいえ、入所初日はシャバの気分がまだ残っている。廣瀬も、判決時の勢いをそのまま持ち込み、「刑務所でも天下取ってやる」くらいの気持ちでいたらしい。あえて考え込まないようにして、弱気になりがちな自分自身を鼓舞していたのか。

「後輩の手前、カッコつけて強気にふるまったのは〝明美〟としての演技で、拘置所では不安で泣いていた。なのに、懲役五年の刑を言い渡されても、自分は悪かった、覚せい剤と縁を切ろうとは思ってないんですか？」

カンゴローの質問に、廣瀬はゆっくりと首を振る。

「仲間や組織を守ってムショ入りしてやったくらいに思っていたから、鍵を閉めておけば良かったと後悔はしても、反省なんかしてなかったですね」

「反省しなくても、五年間も服役するんだから、二度とそうならないようにしようと思うのが一般的な感覚だと思うんだけど」

「私もそう思いましたよ。二度と捕まらないように、今度はうまくやろうって。ははは」

懲《こ》りてないなあ。

「だから、さっそく失敗するんです」

女性受刑者の罪状は、男性に比べると殺人などの重大事件が少なく、覚せい剤取締法違反と窃盗が多くを占める。廣瀬は女子刑務所に行けば自分のような荒っぽい人間だらけだと思っていたが、おとなしい受刑者も多く、拍子抜けする面もあった。

高齢化社会を反映し、年齢層も高い。雑居房に入れられて周囲を観察すると、おばあさんといってもいい高齢者もいた。男女問わず、受刑者の中には再犯を重ね、人生の多くを刑務所で過ごす人がいるのだ。高齢者たちは何を言っても「あぁ、そうかい、そうかい」と温和な態度なので、意外に普通だなと感じたという。

おばあさんも何かやらかして実刑を受けているのだから、普通とはいえない。入所したての廣瀬は、「刑務所で天下を取る」ためのライバル候補を探そうとしていたから、年長者は対象外に見えたのだろう。

「ひとりだけ若い子がいて、彼女はポン中（覚せい剤中毒者）だった。最初にその子と仲良くなったのね。刑務所に入るとまず一週間、慣れるために訓練工場で研修するんだけど、入って二日目にその子と『出たら会おう。シャブならあるから』とかそういう話をして電話番号を交換したらすぐにバレちゃった」

電話番号を交換することは禁止事項である。検閲があって、メモなどはすぐ発覚するのだ。知らなかったと弁明しても聞き入れられず、懲罰の対象になり、隔離された場所にある部屋で刑務官による取り調べを受けさせられた。

警察での取り調べ同様、なぜそんなことをしたのか、反省をしていない証拠ではないか、電話番号を聞いてどうするつもりだったのかと尋問され、終わると処分が下される。軽いものでは訓戒や叱責という〝厳重注意〟みたいなものもあるが、廣瀬が下されたのは重屏禁《じゅうへいきん》（現在は行われていない）。暗室に閉じ込められ、寝具もない状態で七日間過ごす罰だった。ほかには二カ月以内罰室に閉じ込める軽屏禁もあった（刑事収容施設法の改正により、現在は罰室ではなく、三〇日以内〈情状が重い場合は六〇日以内〉居室内で謹慎させる「閉居罰」になっている）。

「規則を破ることに対して、刑務所は異常なほどきびしい。ちょっとしたことで懲罰房行きだから、常に気をつけていないといけないのね。だけど、そのときは入所したばかりで、きびしさを知らなかった。懲罰房は、孤独に過ごす時間の長さもそうだけど、肉体的につらいんですよ。姿勢は崩せず、私語もできず、じっと窓のほうを見て姿勢を正して過ごす。できるのは考え事だけ」

軽い拷問みたいなものではないか。自分がその罰を受けたら、何もかもが嫌になってしまいそうだ。しかも、それが七日間も続くのである。

刑務所の居心地は作業時間と人間関係で決まる

その後何度も懲罰を受けることになる廣瀬も、初体験のときは痛みに悶絶《もんぜつ》し、時間をつぶすためもあって、これまでの自分について思いをめぐらせた。どうしてこんなことになっているんだ？

思えばまともな生活をしたことがない。まじめにコツコツという発想がない。ヤクザの組長みたいな人に「コンパニオン、大丈夫だからやってこい」と言われて働き、金がなくなったら悪いことをして稼げばいいんだと味をしめる。いわゆる普通の生活は小学生までで終わってしまった。

「スズといられれば幸せで、お酒の席でわぁっと言ってれば時給三〇〇〇円もらえてた中学生だからね。二時間の御座敷のあとで朝まで引っ張ると数万円になる。おっぱい触られて『なにー！』と騒ぐと一万円もチップをくれる。中学生のおっぱい触って、このおじさんは何が楽しいんだと思いながら受け取る。チョロいものだという意識。売人も、砂糖みたいな覚せい剤を小袋に分けて売れば一袋の原価三〇〇〇円が二万円、三万円に化ける。こんなおいしいことはないでしょうと思っていた。でも結局、警察に踏み込まれて捕まり、実刑判決を食らってしまった」

ついに反省モードに入ったのか。そうではない。自己分析はできても、どうすればまともな生活にたどり着けるのかわからず、そうなりたいという気持ちにもなれないのが当時の廣瀬だった。願っていたのは別のことだ。

一日でも早く仮釈放をもらいたい、である。

仮釈放とは、受刑者が刑期の三分の一、無期懲役の場合は一〇年経過したのち、改悛《かいしゅん》の情があると認められる者を、刑期満了前に釈放する制度。保護観察官や保護司の指導・観察のもとという条件つきで社会復帰が許される。刑期五年の廣瀬なら、一年八カ月でその対象になる計算で、仮釈放がもらえれば三年四カ月で出所できるというのが相場となっていた。

五年と三年四カ月の差は大きい。入所直後に同じ房の先輩受刑者からそのことを聞いた廣瀬の心に、希望の光が宿った。模範囚として過ごし、刑務官や刑務所長から、社会で生活しながら更生させても大丈夫だろうと思わせたら勝ちだ……。

「ところが、仮釈放のためにがんばらなくちゃと思っていた矢先、入所二日目で懲罰でしょう。がびーんというところから刑務所暮らしが始まったんですよ」

ここで、女子刑務所の生活がいかに規則正しいか、『女子刑務所　知られざる世界』（外山《とやま》ひとみ著　中央公論新社　二〇一三）を参考に少し説明しておこう。この本に、栃木刑務所で取材された「女子刑務所の一日」という項目があるのだ。廣瀬が入所した時期とは一〇年以上の開きがあるが、大きくは変わっていないと思われる。

六時半　起床・点検（一〇分で身支度を整え、自分の番号が呼ばれるのを待つ）
七時一〇分　朝食
七時四〇分　作業（土日祝日、矯正指導日を除く。報奨金は月平均二千数百円ほど）
一〇時　運動
一二時一〇分　昼食
一二時四〇分　作業（矯正指導日には「薬物依存から抜け出すための教育」などを実施）
一六時半　整列して各居室に戻り、点検を受ける
一七時一〇分　夕食
一七時四〇分　余暇（自由時間。読書やテレビなど）

二一時 就寝・消灯

三食つきで自由時間まであるなら悪くないじゃないかと思う人がいそうだが、個室は与えられずプライバシーはないに等しい。夏は暑く冬は寒い、過ごしやすさとは真逆《まぎゃく》の環境だ。おまけに油断すると規則違反→懲罰房行きが待っている。

管理された生活を少しでもハリのあるものにするには、午前と午後の作業時間を苦にせず行うことがコツとなる。反省しているかどうかは関係ない。作業を嫌々やっていたら一日が果てしなく長く感じられるからだ。

釈放されるまでの間、自分はここで生活しなければならない。大事なのは現実を受け入れることで、廣瀬もすぐにそのことに気づいた。安いなりに報奨金が支払われるのも嬉しい。

むしろ面倒なのは人間関係だ。栃木刑務所の収容定員数は四四八名（二〇二〇年八月一二日現在は六五五名）と他の女子刑務所より多く、小さな社会を形成している。派閥のようなものもあれば、仲良しグループもある全寮制の学校のようなもの。独特の雰囲気に、集団生活が初めてとなる廣瀬はなかなかなじめなかった。

「実力者っていうか、まわりから一目置かれる人はいたかな。でも、あの人ともめたらヤバいよとわかっていれば対応できるからいいんですよ。狭い社会では、いじめやひがみ、やっかみなどが横行し、嘘やデマも多い。すぐチクる（告げ口する）やつとかもいて、私も気が短いほうだからトラブルを起こしがちだった」

仮釈放が欲しいのに？

「ありましたね。おとなしくしているつもりなんだけど、何かの拍子でプチッとなっちゃうと『でめー、ふざけんじゃねぇ』。で、また独居房行き」

規則違反はバレたら地獄と知りながら、抑えが利《き》かない廣瀬なのである。

仮釈放のためなら媚も売る

それでも、希望の灯《ひ》はまだ消えない。この調子では仮釈放は無理だとあきらめ気分でいたら、刑務官に言われたのだ。

「あんたは刑期が長いからまだまだ大丈夫だよ」

まだ間に合う、失敗は取り戻せる。そう思うと元気が出た。チャンスがあるならまじめにやってみようと思った。

「あのときの先生のことばには励まされたなあ」

先生とは刑務官のこと。女子刑務所の受刑者は刑務官を先生と呼ぶ決まりで（男子刑務所はオヤジ。刑務官同士は先生と呼び合う）、管理する側とされる側は明確に区別されている。いまだにスッと出てくるのは、一日に何度も声に出し、脳裏に刻み込まれた呼び方だからだろう。

目標ができると意欲が湧《わ》く。同じことをするにも態度が変わってくる。刑務官は敏感にそれを察知し、二十代前半と若い廣瀬は、入所者の中にいる知的障《しょう》がい者《しゃ》の介護を担当させられるようになった。入浴時にシャンプーしたり、身体を洗う役目である。そのうちに、今度は食事の配膳係も任され、毎日が楽しくなってきた。

「廣瀬さん、先生たちに期待される人材になったんだね」

ひさしぶりの明るい話題にカンゴローがすかさず茶々を入れた。

「この調子なら仮釈放出るかもしれないと思って、いい子ぶっていただけなの。腹の中は真っ黒です、あはは」

点数稼ぎに徹していたと廣瀬は言うが、トラブルを起こさずに長期間過ごすことができたのは、人の世話をするのが好きな優しい側面が表れた結果だと僕は思う。

やりがいという点では給料も上がった。入所当初、四〇〇〇円だった一カ月の報奨金が係の手当てなども加わって一万二〇〇〇円くらいになったのだ。おもしろいもので、逮捕前にはしこたま稼いでいたのに、わずか一万二〇〇〇円の収入さえ嬉しく思うようになる。

こうしたエリート待遇は優秀だと認められた証《あかし》。負けず嫌いな廣瀬にとって、みんなからうらやましがられたり、刑務官から期待されるようになったことは好循環を生み、模範囚コースを着々と歩むことにつながった。

しかし、これだけでは足りないことも、キャリアを積むにつれてわかってきた。仮釈放を獲得するのにもっとも気をつけなければならないのは、ほかの入所者の嫉妬心と、刑務官の心証。そして、両者をクリアするために必要になるのがヅケトリ（お世辞、ごますり）だという。

入所者との人間関係では、古株の実力者に嫌われないことなどが基本で、ホメたり甘えたりする戦術が有効になってくるが、肝心なのは敵を作らないこと。注意していても小さな規則違反をしてしまうことはあるので、告げ口されないような人間関係を築くのが必須。優等生ぶってばかりいると、廣瀬の本性に勘づいている受刑者が黙っていないので、刑務所を出たらこんな悪いことをしよう、こういう手口なら捕まらないといった軽口も適度に叩き、ひとりでも多くの味方を作っておくのが大切だ。

「刑務所における人間関係の秘訣は、他人を信用しすぎないこと。これに尽きると思う。友だちだなんて思うと信じるじゃないですか。あれはダメだね。受刑者って、自分を大物に見せたい、優位に立ちたいという意識が働くのか、私はお父さんがヤクザなんだとか、嘘つきが多いんですよ」

同じ地域から新しい入所者がきて、バレたら立場は地に堕ちるのに、それでも嘘で経歴を塗り固める受刑者は後を絶たない。

「すごく仲良くしていた千葉のユキって子が、○○カメラの娘だと言ってたの。『(出たら) なんでもしてあげるよ。うちのパパはお金持ちだから』とかって言うわけ。だから私、ここだと思ってその子にヅケトリして持ち上げて『すごいじゃんユキちゃん』『ユキちゃん大好き』とかやっていたのに、地元の人が入ってきたら全部嘘だとわかって。そういう人がいっぱいいるってことは学んだかな」

そんな話を信じるほうもどうかと思うが……。

「妄想入ってるくらいのレベルで嘘がうまいのよ。でも不思議だよね。中学生のときに校門で張り込んでいる先輩連中をちやほやできずに毎日殴られていた私が、刑務所でヅケトリはこうやればいいと世渡り術を覚えていったなんて。刑務所では学ぶことが多かったな」

この手は刑務官にも有効だ。

「結局、刑務所は担当刑務官に『先生〜』となついて気に入られないと、頭が良くてもまじめでも係に選んでもらえないところがあるんです。自分も『明美さん、明美さん』と寄ってくる子がかわいくて特別扱いしちゃったな、ああいうことを私自身がやればいいんだと」

刑務所生活にも慣れ、淡々と月日が流れていった三年間ほどの間、もっとも楽しい時間はなんだったのか。テレビを観る時間、受刑者たちとのお喋り、頻繁ではないが会いにきてくれる親族との面会時間、後輩たちとの手紙のやり取りも上位に入るが、もっとも良かったのは本をたくさん読めたことだと廣瀬は振り返る。

「それしか楽しいことがないから好きになったの。本がこんなに楽しいなんて知らなかった。本は官本といって、刑務所にあるものを借りる方法と、毎月三冊まで自分で買う方法がある。私は所持金があったからいろいろ買ってた」

ノンフィクションや小説を手当たり次第に読み、たくさんの人生を疑似体験するのは廣瀬にとって新鮮で、時間を忘れて没頭できる最高の娯楽。本で得た知識や、読みながら考えたことが、血となり肉となる実感があった。

「あの時間がなければ、私はこういうふうに立ち直ってはいないし、相変わらずせっせと売人をやって、たぶん子どもも産まず、刑務所と外を行ったり来たりしていたと思う。『私が〝魔罹唖〟を作った明美よ』って、いまだに裸の王様で、儲けた金で後輩を連れ歩くのがカッコいいと勘違いしたおばさんになっていたんじゃないかなあ」

しんみりした口調で言われたら、誰もが無事に仮出所を勝ち取ったと思うだろう。カンゴローと僕もそう思い、この続きは次回にするかと腰を浮かせかけたが、そうは問屋が卸さなかった。

思わぬことでトラブルに巻き込まれた廣瀬は、夢にまで見た仮出所を取り消されてしまうのだ。

3 泣く、叫ぶ、吠える発狂寸前の懲罰房

私の仮釈放はどうなるの？

入所当時は勝手がわからず、電話番号の交換がバレて懲罰を受ける失敗をしでかした。それでも、仮釈放の可能性が残っていると知ってからは態度を改め、どうすれば仮釈放を受けやすくなるか対策を練り、ケンカや騒動への参加、菓子の取り合いなど、懲罰対象になる行動は避けるようになった。

人間関係にも気を使い、ほかの受刑者と敵対せず、親しくもなりすぎないよう、距離感を保つ。嘘に振り回されることもあったが、短気を起こさずにやりすごした。人気者である必要はないが、嫌われるとわずかなミスを告げ口されかねず、その差は大きい。刑務官といい関係を築いている実力者や、自分の味方になってくれそうな受刑者には、お世辞を言い、ゴマをすって取り入ることも覚えた。

もっとも注意したのは直接の担当者をはじめとする刑務官との関係。心を入れ替えてまじめにやっているとアピールするため、礼儀正しく、ときには甘える様子も交えて、好感度を高める。

仮出所をもらうためとはいえ、負けず嫌いで短気、暴力に訴えがちで、悪事を働くことを屁とも思わないマイナス要素を封印し、社会復帰を目指してがんばる優等生キャラクターを数年がかりで作り上げたわけだ。

そのかいあって、模範囚が任されることの多い配膳係などに就くことができた。すべて計画通りに

運んでいたのだ。他の受刑者からも仮釈放は時間の問題だと言われて応援されていたというから、優等生ぶりはかなり浸透していたと考えていい。それまで無縁だった本の世界にも触れ、それが刑務所生活で最大の収穫だったと懐かしそうに語ってもいた。

それなのに仮出所が叶《かな》わない。僕は意表を突かれ、腰かけていたソファから滑り落ちる気分だった。

「そうなりますよね。私もショックのあまり腰が抜けました。だって、仮釈放寸前までいっていたんですよ」

実際、いいところまでこぎつけていたのだ。

仮釈放をもらうためには、責任者である刑務所長の本面接の前に、担当者などとの仮面接があるのだが、そこはクリアし、本面接を待つばかりになったそうだ。ここにたどり着けばよほどのことがないかぎり仮出所が出る。就活にたとえると内定をもらったようなもの。優等生の廣瀬は、最短に近い三年と少しの刑期で外に出られる計算だ。

よっしゃー、がんばって良かったなあ――。もうじき家族や後輩に会えると思うと、出所を待ち焦《こ》がれる気持ちが、いまさらながらに募ってくる。

「本面接を受けた受刑者は、だいたい三週から六週、長くても八週で出られます。仮釈放が確定したら『釈前寮《しゃくぜんりょう》』に移り、釈放を待つ段取り。受刑者間では本面接イコール釈放なので、『釈前寮』に移る前にお別れ会が開催されたりするんです」

本面接は無難にこなしたつもりだった。お別れ会もしてもらった。それなのに、なかなか『釈前寮』に移る指示が来ない。

「たぶん私が売人だから、仮釈放の決定がなかなか出なかったのかな。六週たっても八週たっても呼ばれないんですよ。私よりあとで本面接を受けた人より、私が先に『釈前寮』に入るのがあたり前でしょ。それなのに、どんどん順番を飛ばされて、まわりに『なんで?』と言われてあせってきた。そんなの、こっちが聞きたいよね」

刑務官は懲罰チャンスを狙っていた

心当たりがないことはなかった。配置替えで新しく担当官になったタナカ（仮名）と気が合わなかったのだ。表に出さなくても、好き嫌いの感情は相手に伝わりやすい。受刑者から見れば、刑務官は権力者で、その中でもっとも近くにいるのが担当官。刑務官も人間だから、担当する受刑者と仲良くなれば温情も与えるし、嫌いであれば冷徹にもなる。

とはいえ、刑務所では人間関係を良好に保つのが生命線だとわかっていた。まして残り期間わずかというところで、気に入らないからと突っかかっていくほど幼稚ではないのでは?

「もちろん、タナカに足を引っ張られないようにしなきゃと用心していましたよ。でも、本面接まで終えて浮かれていた反動で、落ち着きをなくしていたのね。作業の時間に体調が悪くなり、そのときに……」

作業時は席を勝手に動くと規則違反になるので、持ち場で手を挙げて「離席お願いします」と担当官に言った。気持ちがイライラして、とても作業を続けられそうにない。

「担当台（担当官のいる場所）まで行っていいですか。医務へ連れていってほしいんですけど」

「ちょっと待ちなさい」

「待てない!」

思わず席を立ったそのとき、タナカが待ってましたとばかりに宣言した。

「はい、懲罰」

仮出所は模範囚に与えられる特例。模範囚は懲罰など受けない。したがって、廣瀬はこの瞬間に仮出所の資格をはく奪されたも同然だった。

何をしたのか。暴言でも暴力でもない。体調が悪くなったと訴え、席で立ちあがっただけである。許しなく席を立つことは無断離席と呼ばれる違反行為なのだ。

いくら規則に厳格だとしても、これで懲罰というのは無慈悲な対応だ。でも、少なくとも自分がいたときは、規則を盾《たて》に受刑者を支配するのが刑務所だったと廣瀬は断言する。あのひと言ですべてが終わったのだと。

「アイツは私が嫌いで懲罰を与えるチャンスを狙っていた。じつのところはわからないし、規則に従ったままでだと言うに決まってるけど、私はそう感じた。で、もういいやとヤケを起こして『どういうことだよ』と暴れちゃうのね」

そんなことをせず、すぐに謝って着席していればと思わなくもないが、そんなことで懲罰が撤回される可能性はないと廣瀬は言う。仮出所させてやりたい思いがあれば、懲罰を口にする前に着席を指示するなりしてチャンスを与えるはず。そうしなかった時点で悪意ありだと。

冷静に処分を受け入れて優等生のフリを継続していれば、万にひとつではあっても、短期間のうちに再び仮出所候補に入る奇跡が起こせたかもしれない。そうでなくても、その後の刑務所生活を穏やかに過ごすため、ここはグッとこらえて耐え忍び、他の受刑者にこっそりグチをこぼして気持ちを紛らわす。たぶん僕ならそうする。というか、それしか思い浮かばない。

でも、そうはならないのである。時すでに遅し。出所まで出番がないはずだった〝『魔罹唖』の明美〟が、刑務所内で目覚めてしまったのだ。

天国から地獄に落とされた廣瀬を待っていたのは、外の新鮮な空気ではなく、暗くて冷たい独房だった。

しかも、ただの独房ではない。懲罰には七日間、二〇日間など期間の長さで重さが変わるもののほかに、閉じ込められる場所（独居）によるレベルの違いがあり、もっとも重大な違反を犯した者は他の建物から離れた場所にある寮に入れられる。作業場で暴れた廣瀬はその対象となった。

懲罰房はひとりで姿勢を正しながら反省させられる部屋だと前に聞いたが、どこが違うのか。

「私が閉じ込められたのは、受刑者間で〝動物園〟と呼ばれている懲罰用のヤバい寮。刑務所内で、こいつは手に負えない、まともじゃないと見られた受刑者が全員集合するところですね。なぜ動物園かって？　そこにいる受刑者は黙ってなんていなくて、独居房でわめいたり叫んだり、泣いたり歌ったりするからですよ。私もそのひとり。物はぶん投げる、ガラスはぶっ掻《か》く、刑務官には殴りかかる。大黒摩季とかよく歌ってた。起きてる間ずっとそうしてる。黙っていたら他の部屋からわめき声が聞こえておかしくなりそうだから、私も負けじと『テメー、コノヤロー』。外に向かって力のかぎり叫ぶ。私を懲罰にしたタナカを殺してやりたい。あんたのせいでこうなってるというのをわかってもらいたい。『私は地元ここなんだよ。栃木なんだよ。私をこんな目にあわせて、出たら絶対に復讐してやるとタナカに言っとけ！』と、とにかく絶叫してましたね」

仮釈放のためにおとなしくしていた分、反動は大きい。希望を粉々にされ、もう満期五年でいいやと開き直った廣瀬に、いまさら怖いものはなかった。絶望から生じるストレスを思う存分まき散らす。毎日が発狂寸前だったと笑うが、エネルギーを発散させているのであって、正気は保っていた。

こうした極端な行動にも、躊躇なく人を殴り、刃物を突き刺してきた廣瀬らしさが表れているとは言えないだろうか。この人は、感情が爆発すると普通はそこまでやらないところを軽々と突破してしまう。それがすべて悪いほうに出てしまうのが難点なのだが……。

模範囚の仮面を脱ぎ捨てて荒れ狂うようになり、懲罰の連続。顔見知りの受刑者たちからも距離を置かれ、孤独が募る。タナカさえいなければ、いま頃は楽しい生活ができていたのに——。

最後の一年間はほとんど〝動物園〟にいた。一日中、壁を叩いてガラスぶっ掻いて叫んでも、独居房は敷地の端っこにあって周囲には聞こえない。それがわかっていても叫ばずにはいられなかった。

タナカにはめられて仮出所がふいになったという恨みの大きさは、出所一年後に廣瀬がとった行動からもうかがえる。栃木刑務所の敷地内でイベントが行われた日、『魔羅啞』の後輩たちを引き連れて乗り込んだのだ。

「あら、ひさしぶり。タナカの姿が見えないね。タナカを連れてきてよ、用事があるの」

ただならぬ雰囲気を察知し、対応した刑務官は無線で応援を要請。廣瀬を取り囲んで離れようとしなかったそうだ。騒ぎになりかねないリスクを冒してでも、タナカにプレッシャーをかけたかった。刑務所内では権力者でも、外ではそうはいかないことを思い知らせたかったのだ。

犬のように食べ、穴に向かって排泄する

暴れっぷりが度を超していると判断されたときは、保護房という最悪な部屋に連れていかれる。廣瀬に言わせれば「ヘンな人」扱いされるところだ。そこでは両手を縛られ、食事は紙皿にご飯やおかず、味噌汁までのせられた状態で出され、手を使わずに食べなければならない。口のまわりが汚れても拭き取ることさえできない。

犬のような姿勢で食事をさせる？　映画の『女囚さそり』シリーズでそんな描写を見た記憶があるけれど、実際にそんなことが行われているのか。

「あはは、信じられないでしょう。でも、あれはリアルな描写なんですよ。手を縛られた状態で、ト

イレはどうやってすると思う？　便器は床にただ穴が開いているだけですよ」

難しい質問だ。下着をどうするか。排泄《はいせつ》後のトイレットペーパーの使い方もわからない。まさか、穴の下にウォシュレットが装備されているわけでもないだろうし。

正解はシンプルなものだった。縛られた状態でしゃがみ、ただ穴に向かってする。以上、終わり。拭いたりしない。それで済むように下着はつけない。

「当然、拭いてももらえずそのまんま。一日中叫んで暴れて、犬のようにメシ食って、穴に向かって排泄する」

保護房にいるとき、入浴は一五日に一度。普通は週に二度（夏は三度）だからその差は歴然としている。まさに不潔を絵に描いたような環境だ。

では、保護房で人を人として扱わないような罰を与えれば効果があるのか。おそらく、効果があると見なされているから存在するのだろう。しかし、廣瀬にかぎっていえば、憎悪の炎が収まることも反省して出直しを誓うこともなく、問題のある受刑者が集合するうるさい寮と、犬小屋並みの保護房を行き来するばかりだった。

ある日、そのことを不思議に思った幹部刑務官に呼ばれ、尋ねられた。

「廣瀬、おまえはそんなやつじゃないだろう。介護とか、係の仕事をちゃんとやれていた人間だろう。なぜこれほど騒ぐんだ」

聞く耳を持つ相手と接するのはひさしぶりのこと。廣瀬はこのときとばかりに経緯を話し、些細《ささい》なことで仮釈放を取り消されるようではやっていられないと訴えた。すると、めずらしいことに話が通じ、面談の最後には、「仮釈放をやるから静かにしてくれ」と言われたそうだ。満期までは残り二カ月あるが、静かにすれば一カ月だけ仮釈放にしてやろうという提案だった。

これは温情だろうか。それとも、全体に悪影響を及ぼしかねない受刑者をおとなしくさせるときのマニュアル通りの措置だろうか。

廣瀬はこの提案を受け入れたが、あいにく身元引受人である母の体調が思わしくないなど、仮出所の条件が整わない。

「だから、また狂って『話が違うだろ』と暴れることになり、判決通りに五年務めての満期出所。二七歳になってました」

出所をめぐってもひと悶着あった。刑務所は母が面会にくるたび、廣瀬は外に出したら何をするかわからないとして、精神病院に連れていくことを勧めたのだ。うろたえる母に、「私は狂ってない。すべて演技だ」と説明し、母が同居して監督するのを条件に通常の出所が認められた。

外に出られたことを実感できたのは、迎えにきた母と刑務所の敷地を出たときより、二代目総長のナナを中心とするレディースの後輩たちが数十名集まって開いてくれた出所祝いのときだったという。

廣瀬が不在の間も『魔罹啞』は存続し、一二代まで引き継がれていた。

「明美さん、お会いしてみたかったっす！」

若手のメンバーにとって、初代総長は伝説的な存在。五年ぶりに聞く「明美さん」という呼び名に、待たれていたという実感が湧いてくる。

長い間留守にしていたのに、自分のことを忘れず、こんなに集まってくれるなんて……。かわいい後輩たちと夜が更けるまで杯を重ね、しこたま酔った廣瀬は、独居房で孤独に吠《ほ》えていたときとはまるで違う明るい声で叫んだ。

「みんな、まだまだ気合入れてやるよ！」

4 逃亡生活で指名手配

今日も想像を超えた話になりそうだ

「今日はどんな話を聞かされるのか、楽しみだけど怖いよ」

エアコンの風量を下げながらカンゴローが言う。僕たちは前回聞いた刑務所生活の話をもとに、今後の展開を予想しながら栃木へ向かっていた。

「彼女、刑務所に二回入ったと言ってたからまた逮捕されるんだよね?」

カンゴローはこの時代の廣瀬について予備知識を持っておらず、僕も似たり寄ったりだから、この先をどう読むかは盛り上がる話題なのだ。

「反省していないと強調していたから、たぶん売人に戻るよね。それからどうなるか。安易な失敗はしない気がする。二度と刑務所に戻りたくはなかったはずだよ」

僕も対策は練っていたと考える。五年間の刑務所生活を語る間、読書の喜びを覚えたこと以外、明るい思い出話が出てこなかったからだ。サービス精神旺盛な廣瀬が、年に数回開催される慰問会や食事の楽しみ、受刑者たちとの交流について語ろうとしないのは、仮出所取り消しの衝撃に比べれば取るに足らないことだからだ。

対策については、刑務所で情報交換して覚せい剤をいかに隠すかを学んだと言っていた。となると、前回と同じ轍《てつ》は踏まないだろう。

男関係のもつれとも考えにくい。後輩たちについて話すときと、折々の交際相手について話すときの熱量が明らかに違うからだ。廣瀬はいつも、自分と釣り合いが取れる、後ろ盾となってくれる、覚せい剤を与えてくれるなどの理由で男とつきあっている。相手もそこは同じで、利用価値が高いからつきあうドライな関係。熱愛話を聞いたことがなかった。

守りを固めて攻めに出るとなると、強気な性格はプラスに働きそうだ。やると決めたらとことんやる行動力も備わっている。

「獄中で、負けず嫌いと真っすぐな性格に磨きがかかり、いっそう激しい〝明美〟になっちゃった。恨んでいた刑務官を脅しに行くなんて、劇画みたいな話で、オレだったら頭の片隅にも浮かばない。

廣瀬さんの話は、我々のような常識人が想像することの斜め上を行く。今日もきっとそうなるよ」

最寄りのインターチェンジから走ること一〇分で廣瀬宅に到着。タイトなTシャツ姿の廣瀬に迎えられ、リビングに通された。社員が集まるこの部屋にも慣れたのか、違和感を覚えなくなってきた。

「ペットボトルで悪いけど、お茶を置いておきますから自由に飲んでね。さて、この前はどこまで話したんだっけ？」

会うたびに感じるのは、廣瀬の放つ不思議な魅力だ。多くの場合、かつて悪かった人の逸話を聞くときは、まっとうになった現在の姿と比べ、昔話を聞かされる感覚になる。ところが廣瀬には過去と現在を分けている感じがまったくない。それどころか、こんなことまであっけらかんと口にする。

「私、きっかけがあれば覚せい剤を使いかねない人間なんですよ」

犯罪者から刑務所出所者の協力雇用主へ。外からは劇的に変わったように見えるけれど、廣瀬にしてみれば、過去も現在も含めて自分自身なのだと思う。

我が世の春

案の定、ひとまず母親のスナックで働くことになった廣瀬が、売人として復帰するまでに時間はかからなかった。やる気満々で出所したせいもあるが、覚せい剤の売買が、自分にできるもっとも儲かるビジネスと考えていたので、やめる気になれなかったのだ。逮捕以前、覚せい剤に囲まれているのに中毒にならなかったことも自信の裏づけとなっていた。

やり手の売人〝明美〟が出所した情報は裏社会にすぐ流れ、栃木全域に広まっていった。「出てきたんでしょ、と次から次に連絡が入ってくる。悪い仲間からは『また遊ぼうぜ』となるし、お客さんからは『待ってたよ』。それで売人に戻った」

廣瀬を売人に引きずり込んだ男は、発砲事件を起こして服役中だった。彼氏といっても、いつも一緒にいたいようなべたべたした関係ではなかったので未練はなかった。

「あくまでただの彼氏と彼女っていうのかな。彼は私のことを『この女といれば稼げる』と思っていただろうし、私もその人がいることによって栃木で堂々と売人ができる」

一般の人が裏ビジネスに手を出せば「どこのシマ（縄張り）でやってんだよ」となるが、彼の顔が利いていることで守られるのだ。

その後ろ盾が服役していても売人に戻れたのは、裁判で仕入れ先の口を割らなかったからだ。それが評価されたのか、ヤクザから「明美は好きにさせよう」と信用された。

「あの女は口を割るとなったら、ヤバいから売るな、となる。私が口を割らなかったことは、組織の人も傍聴に来ていて知っていたから」

覚せい剤の商売は買い取りが原則だが、たくさん仕入れて売りさばくだけの資金もあった。前回の逮捕前に稼いだ金をある程度残しておいたのだ。

そうだとしても、廣瀬が抜けた穴は誰かが埋めていたはず。五年間不在だった影響はないのだろうか。

「なかったですね。逆に箔《はく》がついてやりやすかったかも。仕入れ先は前とは違うところだった。組織にしてみれば、売れれば売れるほど利益になるから、売人はひとりでも多いほうがいい。三〇万円で仕入れたものを五〇万円で私に売れば儲かるし、私がパッパカパッパカ売ればまた儲かる。義理人情とか関係ない。使えるやつが帰ってきたっていうだけ。リスクを抱えて売人をやる気持ちを持ち、口が堅い人間ならいいわけ」

組織の信用を得ることは強力なバックボーンになる。覚せい剤の販売ルートは、製造先から大本《おおもと》が仕入れたブツを中間組織がまた仕入れて流す形が多い。廣瀬は信用されたことで大本とつながり、どこからでも仕入れができるようになった。

ひさしぶりの仕入れ先には電話をかけ、「栃木の明美です。覚えてますか」と言えば話が通じ、「どのくらい欲しいの？」と取引に応じてくれる。

あとは客の確保ができるかどうか。以前の取引相手は廣瀬が不在の間にほかの売人から買うようになっている。彼らは覚せい剤にどっぷりはまっている分、おいそれと口を割らない上客なので取り戻したい。それには肉や野菜の生鮮食品と同じく、安くていいモノを提供することだ。

そのために、まず自分で〝試食〟する。混ぜ物をした粗悪品は泡が出たり、あぶると黒く焦げるから、匂いを含め純度をチェックするのだ。

「覚せい剤ってアンナカ（安息香酸ナトリウムカフェイン／興奮剤）という成分が多く入っているのがいいとされる。黄ばんだやつとか、黒っぽいのも出まわっているんですけど、私の経験では、本当にいいモノは透明なんです」

いいモノは打った瞬間にムズムズし、身体がスーッとして全身に鳥肌が立つ。ちょっと触れられただけでぞわぞわと快感が広がり、全身が性感帯になる。そういう品であれば、少々高くても客は欲しがり、あそこの覚せい剤は質がいいと注文が増える。

廣瀬は、三〇〇〇円で仕入れたものを相場の二万円より安く、一万五〇〇〇円程度で販売したので、ひっきりなしに客が来るようになった。質が良くて、値段が安くて、顧客情報を漏らさないのだから、売れないほうがおかしいのである。それが気にくわない売人も、廣瀬のバックを恐れて文句が言えない。

十代への蔓延《まんえん》もひどくなっていた。覚せい剤を使うと興奮状態になるため、食べなくても眠らなくても元気いっぱいで活動できる。その結果痩《や》せるのだ。逆に、やめるとタバコの比ではないくらい太る。だから、一時はダイエットのために覚せい剤に手を出す女子高生までいたという。が、廣瀬に若い世代が薬物を覚えることへの逡巡《しゅんじゅん》はなかった。

軌道に乗せてしまえば、この商売はラクだ。家でゴロゴロしていて、客から電話があれば受け渡し場所に持っていくだけ。三〇〇〇円で仕入れて一万五〇〇〇円で売れば一万二〇〇〇円儲かる。一日に客が一〇人いれば一二万円だが、それくらいは普通にいた。しかも、すべて現金収入。彼氏にピンハネされることもない。

こうして、売人として独立を果たした〝明美〟は以前にも増して羽振りが良くなり、わが世の春を謳歌《おうか》するようになった。

またしても踏み込まれる

家族との関係も悪くはなかった。時給こそもらっていたが、当てにする必要はないので親孝行のつもりで母のスナックを手伝う。住んでいたのも、母親が恋人と住んでいた家。目の届く範囲から出ないことで安心してもらおうとした。後輩たちが店に来ても、昔のようなケンカ三昧にはならない。また、捕まったとき一緒にいたせいで嫌疑《けんぎ》をかけられた姉は、刑務所に入っている間に結婚して地元で新しい生活を始めていたため、二度と迷惑をかける気はなかった。

このように、いちおう廣瀬なりに考えて、家族の平穏を保とうとはしたつもりだが、薄々はバレていただろうと当時を振り返る。

「私、覚せい剤には深入りしないんだけど、商品チェックで試し打ちするだけでもあぶって吸うことを何度かやるでしょう。そうすると明らかに変化が生じて、汗もかくし挙動不審になる。都内なんか歩いていたらすぐに職務質問されるくらいのひどさだから、母に『またやってるんでしょ』とは言われた」

やってないと嘘をつき、鍵を閉めて部屋に閉じこもることもあったが、母親の疑いは晴れず、覚せい剤がないかどうか部屋を捜索されたりもした。

後輩とのつきあいに金をつぎ込みたがる見栄っ張りな傾向は相変わらずだ。

「自己満足のために売人やってるようなもんですよ。いまはもう、ばからしいことをしていたと思うんですけど、金で釣ってましたよね。後輩に飲み食いさせるために私が稼がなくちゃと。悪いことをする動機はそれが一番で、若い頃から『先輩いただきます』『おぅ、なんでも食え』をしていたかった……」

自分なりにかわいがっているつもりだったのに、金がなくて困っている後輩に売春をあっせんして結果的に傷つけて後悔したり、売春で性病をうつされた後輩に恨まれたりしたこともあるが、お気に入りの後輩にはタダや仕入れ値で覚せい剤を与え、面倒を見ている気になっていた。

唯一うまくいかないのは男関係。彼氏といえる相手は何人か作ったが、廣瀬は金儲けに熱中するダメ女で、寄ってくるのはクスリを扱っている人かヤクザばかり。周囲からはモテているように見えても、幸福な恋愛にはとんと縁がなかった。

すでに二十代後半。悪事が板についてきた廣瀬は、レディース崩れで使い勝手のいい売人から、地元一帯に顧客を抱える月収数百万円の独立業者になってきた。それでいながら、さらに上を狙うようなことはしないとくれば、組織にとっては安全でありがたい存在だ。

「でも、リスクはありますよね」

黙って聞いていたカンゴローが言った。

「警察にはマークされているはず。派手に動いていたら、また踏み込まれるとは思わなかったんですか」

そこだ。警察対策について、まだ訊いていなかった。

自分の手で売りさばく以上、売人に復帰したことが警察の情報網に引っかからないとは考えにくい。また、いくら警戒しても、売った相手が捕まって白状する可能性は残る。では、自分が売ったと発覚しない複雑な販売法を開発したのか。

いいや、そうではなかった。廣瀬の対策はシンプル。警察に踏み込まれたときに覚せい剤の現物が発見されず、身体検査で使用も確認されなければ逮捕されようがないというものだった。

ちょっとわかりにくいか。その後、廣瀬が自宅に踏み込まれたときの実例で説明しよう。

「直接的な理由はお客さんのチンコロ（自供）ですね。客を選ぶといっても限界はあるんです。売らないとお金にならないので、人選をミスったところはありました。その人は所持で捕まって私の名を出したんですね。お客さんが捕まることはさほど珍しくなくて、だいたいは購入先を言わない。そんなことが何度かあったので安心していたら、また常連客のひとりが捕まったと。言うわけがないなと思っていたらチンコロしちゃった」

さあ、ここからが勝負だ。警察にしてみれば、またアイツかである。情報に食いつき、内偵に入るだろう。警察の動きは察知できていたのだろうか。

「気づいていましたよ。そのときは住んでいたのがアパートの二階だったので、田んぼがまわりにあったんです。その奥の雑木林にいつも車が停まっていて怪しい。いかにも刑事さんが乗っていそうなワゴン車」

仲間からも「あれは絶対に覆面（警察車両）だ」と言われ、間違いないと警戒していた。

警察は慎重で、確証がなければ踏み込んでこない。つまり、廣瀬が用心深くなればなるほど内偵期間は長くなり、そこに落とし穴が生じやすい。内偵される側が、いつもいるのに踏み込んでこないのは形式上の見張りってことじゃないかと油断してしまうのだ。廣瀬も半年ほどで警戒心が薄れ、とうとう隙を見せてしまう。

「いっぱい引っ張って（仕入れて）、〝試食〟もして、覚せい剤が身体に入っているタイミングで、朝六時にドアチャイムが鳴ったんです」

対策の成果が出るか、攻める警察と守る廣瀬の決戦開始だ。

魔法の液体の使い方

警察はいきなり突入するのではなく、ドアをドンドン叩いて「あけろ」と命じる。廣瀬は、応じないでいると一〇分か一五分後にこじあけてくると、刑務所で教わっていた。また、こういう場合に備えて覚せい剤を出しっぱなしにせず、いつでも動かせるようにまとめておく習慣もついていた。見つかっては困るものをトイレですべて流し、ドアを開ける。当然、モノは発見できない。

「どうしたおまえ、どこへ隠した。トイレに流したんだろう！」

問い詰められても知らぬ存ぜぬを貫くと、証拠を押収できなかった刑事は舌打ち。覚せい剤使用の容疑に切り替わった。昨日あぶって吸ったのだから、調べられたら確実にアウトだ。

ここで廣瀬の秘策が生きる。

「警察対策として、常にコンドームを大量に買い置きしていました。で、普段から、外で警察に囲まれたときのために、お茶と栄養ドリンクなどを混ぜて尿の臭いや色に近いものを作り、コンドームに入れて縛ったものを、膣《ちつ》の中に入れておくようにしていました。そして、あることを何度も繰り返し練習していたんです」

連行され、尿検査を受けるとき、立ち会うのは女性の刑事がひとりである。職務としては片時も目を離さずに尿が出るのを見なければならないのだろうが、ここで渡された紙コップを手にした廣瀬の演技力が発揮されるのだ。

「いま生理なの。恥ずかしいからじろじろ見ないでよ」

そして、武士の情けとばかりに目をそらしてくれた一瞬のうちに、爪でゴムの口をピッと切って中の液体を出すのである。

「それを日頃から練習していたけど、アパートのトイレは狭くて、至近距離で見られるとごまかせないから、『わかった、あきらめるから署に連行してくれ』と言って、わざと警察署の広いトイレを使ったんです。冬だったのでコートのような長い服を着ていたのも幸いしたというか、練習通りにピッとやれた」

採取した尿は、まず簡易検査薬で調べられる。違法成分を感知して尿が紫色に変わったら覚せい剤を使用した証となる。捜査に立ち会った刑事は全員、陽性を確信していた。なぜなら、廣瀬は発汗が激しく、瞳孔も開き、覚せい剤使用者そのものだったからだ。ところが結果は陰性。そりゃそうだ、お茶と栄養ドリンクなのだから。

「おまえ、どう見てもやってるのに、なんで出ないんだ」

刑事もいら立ちを隠さない。

「なんでって、私やってないもん」

「そんなはずはないんだよ。おかしいなあ」

してやったりの結果。使用を疑われながらも、廣瀬は逮捕を免《まぬが》れ、帰宅を許された。

ただし、作戦を練っていたのはそこまで。あれほど怪しまれていれば、検査結果が鵜呑《うの》みにされることはない。刑事は科捜研（科学捜査研究所）に尿を送ると言っていた。細かな成分まで調べられてしまえば、覚せい剤使用者の浅知恵でごまかしきれるものじゃない。

いったいどうしたのだろう。奇跡的に見過ごされることを期待したのか。それとも、見つかる前に警察に出頭したのか。

どちらでもなかった。バレてしまうと思った廣瀬は、帰宅するなり荷物をまとめて家を出たのだ。

「逃亡ですね」

そうくるか……。カンゴローのため息が隣の席から聞こえてきた。

逃げて追われて身ごもって

廣瀬が向かったのは千葉の九十九里《くじゅうくり》だった。

「そのときの彼氏や、彼氏の友だちを呼んで、みんなで一緒に逃げました。九十九里へ行ったのはハマグリが食べたかったから」

緊迫感がないのは、科捜研の結果がわからないせいでもあった。ごまかしが発覚しても、それだけで覚せい剤使用の証拠にはならない。警察がそれ以上の追及をあきらめたら廣瀬は無罪放免のままとなり、九十九里行きはただの旅行になるのだ。

数日後、隠れるなら都会だろうと東京へ移動し、地元の先輩の家にしばらく居候。その後は都内や千葉のホテルを転々としていた。売人の検査結果がニュースになるはずもなく、確認のしようもないまま時間だけが過ぎていく。

そのうち、持ってきたお金がみるみる減っていくのを指をくわえて眺めているのが悔しくなってきた。このままじゃジリ貧だ。警察が捜しているという情報がまわってこないのは、あきらめたからではないのか。とりあえず地元へ帰ってみよう。

逃亡犯なら捜査範囲からできるだけ遠く、たとえば沖縄あたりへでも行きそうなものなのに、捜しているかもしれない警察の管轄に自分の意思で戻る。こうした行動からも、地元への強い執着を感じ取ることができる。

そーっと栃木に舞い戻った廣瀬は、地元の先輩の名義で借りたアパートで仮住まいをしながら売人稼業を再開した。毎日が警戒度マックス。派手な動きはできないので、信頼できる筋から仕入れ、口が堅くて警察にマークされていそうにない客だけに売りさばくようにした。おかげで食べて家賃を払う程度の稼ぎにはなったが、逃亡前に住んでいたアパートの家賃まで払うのはもったいない。

「姉夫婦が手狭なアパートに住んでいたので、私が借りているほうが広くてきれいだから引っ越してと頼んだんです。それで姉が荷物を運び込んだら、ずっと張り込んでいたんですね。警察がばぁっとやってきて、手錠をかけられちゃったみたい。『私は妹じゃない』『ごめんごめん、妹さんを探してるんです』『どこにいるか知らない』というやり取りがあったあと、姉から電話で『おまえのせいで逮捕されかかったんだからね』と叱られました」

またしても姉に迷惑をかけ、廣瀬は自分が追われる身であることを実感することになる。

「やっぱり札《ふだ》（逮捕状）が出ていたんですね。指名手配されてるよと姉に言われ、逃げきることは難しいかなと思ったけど、彼がそばにいてくれたし、捕まりたくないのでそのままネタ（覚せい剤）を売って生活してました」

彼氏と一緒の人目を忍ぶ暮らしは、これまで経験したことがなかった恋愛感情を伴うものだったそうだ。指名手配犯がラブラブな時間を持ってはならない法律はないから、自由にすればいい。

「そうしたら私、妊娠したんですよ」

それは良かった……ではないのだ。よりによってこの時期に身ごもるなんて。

「つわりがひどくて。でも、指名手配されている状況だから病院で保険証を使うこともできない。ガマンして家でごろごろするか、後輩が働いている小山のゲームセンターで暇つぶしするかだった」

中絶のことも考えたが、病院へ行きづらいだけでなく、赤ちゃんがかわいそうでならず、できなかったという。

そのうち、その後輩から電話がかかってきた。

「明美さん、いま警察がきて、ここにこの女がきているだろうと写真を見せられた。ヤバいです」

「わかった、知らせてくれてありがとう」

住居を知られるのも時間の問題だろう。包囲網はすぐ近くまで迫っている。また逃げた。今度は県内の鹿沼《かぬま》だ。

「ウイークリーマンションみたいな部屋を借り、売人で日銭を稼いだ。妊娠後は試し打ちもやめましたね。だけど、もう逃げきれないだろうと覚悟はしていました。それで、あちこち旅行三昧しておいしいものを食べに行ったんです。最後は旅行から帰った翌日、鹿沼に警察がきて逮捕。彼氏も捕まりました」

およそ半年間に及んだ逃亡劇は、こうして終わった。

5　獄中出産

手錠に腰縄姿で出産

廣瀬の容疑は覚せい剤の使用。科捜研の検査で、お茶や栄養ドリンクに混じっていた微量の体液から覚せい剤の成分が検出されたのだ。

「逮捕できない程度の量だったようだけど『俺はおまえを絶対逃がしたくないから逮捕状を取った』と刑事さんに言われた」

売人として抜群の実績を誇る〝明美〟は、そこまでしても捕まえたい悪党だったのだ。

ごねる手もあったが、子どもを授かったことで、やけっぱちだった廣瀬の気持ちにも変化が生じていた。取り調べのプロたちはそこを見逃さず言い含めてくる。

「言い逃れするのはこの子のためにもならないよ」

それもそうかな、と思う。

「妊婦だと罪も軽くなる。悪いようにはしないから」

説得されて罪を認めた。争点がなければ裁判は順調に進む。前回のように『魔羅啞』の後輩が傍聴席を埋めることはなかったので見栄を張る必要もなく、仕入れ先を明かさないよう注意すれば良かった。

刑事の言葉に嘘はなく、量刑は懲役一年半と軽かった。執行猶予はつかなかったが、前回を思えば耐えられない期間ではない。今回は出産という大仕事も控えており、気持ちにも張りがあった。

入所したのは再び栃木刑務所。天敵のタナカを見ただけでカッとくる。

「妊婦だけどやっちゃおうかと考えた、ははは。やめましたよ。このとき妊娠七カ月か八カ月になっていて、お腹もかなり大きくなっていたから」

前回の荒れっぷりやタナカとの因縁を知っている刑務所側は、廣瀬を独居房に隔離して外に出さないようにした。与えられたのは紙を折る軽い仕事。妊婦ということもあっておとなしくしていたところ、健康状態が良好だったこともあって、今度はタナカと遭遇しない工場で作業をさせてもらえるようになった。母親になるための教育まではしてくれないが、それなりに妊婦のことを考えた対応をしてもらえたのだ。出産も病院でできるらしい。

その日は突然きた。工場で作業中、破水《はすい》したのだ。

「私、初めてだったからオシッコが漏れちゃったと思った。八〇人くらいの人がいる工場でびしょびしょになっちゃって恥ずかしくてね」

知識のない廣瀬が呆然《ぼうぜん》としていると、担当刑務官が駆けつけてきた。医務室に運ばれ、ナプキンを当ててその液体を吸わせ、調べると羊水《ようすい》だと確認され、手錠に腰縄の格好で病院に連れていかれることになった。

手錠に腰縄？　こんなときでもルールが第一なのか。

「私もそう思ったけど、そんなもんじゃない。獄中出産って、片方の手錠と腰縄をしたままいきんで産み落とすんですすよ」

通常は陣痛のあとに破水となるが、廣瀬はいきなり破水している。このままでは母体が危険なので、点滴を受けてじっとしていると陣痛がきた。

「さぁ、いきんで！」

そのときを迎え、助産師が気合を入れる。

「いてぇ」

「もうすぐよ、がんばって！」

心温まる情景を想像しそうになるが、助産師のほかに三人の刑務官が立ち会い、油断なく観察されながら痛みに耐えていきむのである。刑務官はそれがルールなのか、ずっと無言だ。手錠が手首に食い込み、腰縄も痛くはないがジャマなので、産むまでの間は外してくれと頼んだが「規則ですから」と取り合ってもらえなかった。

にわかには信じがたい話だが本当である。二〇一四年、ようやく法務省は「少なくとも分娩室に入っている間は手錠を使用しない」と方針を変更したが、それまでは逃亡の可能性がゼロではないなどの理由で、受刑者は身体の自由を奪われたまま出産させられていたのだ。

「私が言うのはヘンかもしれないけど、刑務官は血の通ってない機械かと思った」

それでも、我が子の姿が見たい、抱っこしたいの一念でいきみまくり、一時間もたたないうちに自然分娩で出産することができた。二〇〇八年の暮れ、イケイケで鳴らした『魔罹啞』の明美は、とうとう人の親になった。

わずか三分間の抱擁《ほうよう》

我が子を見たときの気持ちはどうだったのだろう。

「もう、わああああって感じ。『あなたの子どもよ』と助産師さんが抱かせてくれて、わぁっと思った。

ちっちゃいって。こんなにしわくちゃなんだ、不細工なんだと感動した。赤ちゃんを抱っこして、いままでのままではいけないかもと思った。本当に初めてのことだった。こんなに小さな生き物が自分から出てきたんだ。私はこの子のために変わらなくちゃいけないと素直に思ったんですね」

涙が自然にあふれ、喜びをかみしめる。全エネルギーを使って産み落とした母親だけに許される、かけがえのない時間。しかし、涙も乾かないうちにまたしても規則が立ちふさがる。わずか三分ほどで赤ん坊を取り上げられてしまうのだ。

「『はい、じゃあお別れね』と言われたのかな。母乳を与えることもなく、私は刑務所に戻されたのね。子どもは乳児院という施設で育てられると言われた」

服役中であろうと、出産は特別なものである。ずっと一緒にいられるとは思わないが、数日間くらいは我が子といても罰は当たるまい。親に覚せい剤使用経験があれば、子どもの状態チェックは必須となるだろう。それでも、別室で過ごし、一日に何度か会わせるくらいはできるはずだ。大きな負担がかかった母体の健康状態すらチェックせず刑務所に戻すなんて人権意識を疑ってしまう。

実は、法律では出産後、最長で一歳半になるまで刑事施設内で育てることが許されている。しかし、現状では過剰収容などの理由で、ほとんどの場合、出産後すぐに乳児院へ送られるという。

もしかすると、すぐに引き放すほうが未練を持たなくていいという考え方なのか。それはどうなんだろう。受刑者の多くはやがて出所のときを迎える。我が子を抱いた瞬間、廣瀬に反省の気持ちが芽生えたように、獄中出産を更生のまたとない機会ととらえる柔軟さはないのだろうか。

「子どもを抱いた感触が残ったまま刑務所に帰ったことが、ぽっかり穴が開いたような気持ちを誘う。母乳がピュッピュと出ちゃうの。この母乳を飲ませてあげたかったなぁと思ったよね」

声がくぐもって聞こえたので顔を見ると、目から涙があふれていた。地獄のような懲罰の話さえおもしろおかしく語って聞かせる廣瀬が泣いているのだ。脳裏には、そのときの記憶がまざまざと蘇っているのだろう。

「すみません……、あのときの話をするたびに堪《たま》らなくなっちゃって」

こちらの視線に気づき、涙をぬぐって照れ笑いを浮かべる。

僕は何も言えなかった。口をはさもうとすれば、安っぽいことばしか出てきそうにない。窓から差し込むまぶしいほどの日差しに喉の渇きを感じ、麦茶を飲んで彼女の呼吸が整うのを待つ。沈黙は三〇秒ほど続いただろうか。何も喋らないのに、どんなときより饒舌《じょうぜつ》に訴えかけてくる沈黙の時間だった。

傷心の満期出所

薬を処方されて母乳が止まると、本格的な落ち込みがやってきた。どうして獄中出産などしてしまったのだろう。取り調べで否認しておけば、有罪判決で実刑になるまでに時間がかかり、保釈申請が認められて一般の病院で産める可能性があったかもしれない。悪いのは私だけど、三分で取り上げるなんて理不尽じゃないか……。

仮出所を得て一日も早く子どもに再会するという目標が、ストレスによって壊れていく。出産直後、この子のために変わらなければと思った気持ちに嘘はなくても、人は急に変われるものでもない。

「ちくしょう、子どもに会わせろ！」

いつもの暴れん坊に逆戻り。刑務官に食ってかかり、懲罰対象となるまでに時間はかからなかった。再犯者の廣瀬には、一年半の刑期でこの調子では仮出所が望めないことがわかる。余計にブレーキが利かない。

「そうですね。まじめには務められなくて満期出所でした」

ひと言で獄中での生活を終わらせたのは、前回と似た話になるからだ。暴れて叫んで歌って呪《のろ》うことの繰り返しである。

だが、心境は同じではなかったらしい。怒りを原動力に荒れるのではなく、やり場のない悲しみで心は沈みっぱなし。子どもが気がかりでならないのに何もできない歯がゆさで荒れるのだ。

廣瀬が思いを募らせていた子どもの発育も、けっして順調なものではなかった。

獄中出産で両親ともに受刑者なので、子どもは出産後すぐに乳児院に預けられていた。乳児院はさまざまな事情で保護者による養育が困難な子どもを預かる施設で、地方自治体や社会福祉法人が運営しているケースが多い。

子どもの様子は乳児院から送られてくる手紙である程度知ることができるのだが、ある時期から手紙が届かなくなったという。

「面会にきた母に確認したら、『おまえが暴れると思って言わなかったんだけど、赤ちゃんが危ないんだ』と。やっかいな病気になって治療しているけれど、最悪の場合は死んじゃうかもしれないって言われて頭が真っ白になってしまい、母が心配した通りにまた暴れる。誰のせいでもなく自分が悪いんだけどね」

乳児院にはたくさんの赤ちゃんがいて、わんわん泣いていても放っておかれるんじゃないか。それが原因で病気になったのではないか。いくら心配しても、どうすることもできないまま時間だけが過ぎていく。

幸いなことに半年後、心ある人が引き取ってくれて子どもは元気になり、自分も周囲もその家の子として育ったほうが幸せだと思ったので、その家に託すという選択をせざるをえなかった。そのことは、現在に至るまで大きな心の傷として残っている。

まともになりたい

二〇〇九年の夏、廣瀬は栃木刑務所を満期出所した。前回が五年、今回は一年半だから、二十代から三十代になる六年半もの時間を塀の中で過ごした計算だ。

出迎えてくれる後輩もさすがに減り、とくに仲のいい数名。栃木最強レディースとして名を馳《は》せた『魔羅啞』も解散し、メンバーたちは仕事や結婚、出産など、社会人としてそれぞれの道を歩み始めているようだった。『魔羅啞』に限ったことではなく、暴走族そのものの勢いもめっきり衰え、都市部では見かけることさえなくなった。その後も衰退傾向は変わらず、令和三年（二〇二一年）度には全国で一二四グループにまで減少している（警察庁「令和3年中における少年の補導及び保護の概況」）。

学校をサボって街に出始めた一四歳から悪の道を突っ走ってきた廣瀬も、いったん立ち止まり、今後のことを考える時期になっていた。悪行《あくぎょう》に対する反省のなさは相変わらずだが、獄中出産とその後のつらい経験を経て、まじめに生きようと考えだしたのだ。

そうか、ここから長かった悪の道を卒業して再スタートを切るのだなあ。廣瀬の体験談はドラマチックでおもしろい。悲壮感なく喋るので笑いも絶えない。だが、内容はハードなことの連続。カンゴローと僕は、いつになったら〝悪いことは悪い〟と気がつくのかと、いささか呆《あき》れていたのだ。

「初めて、まともになろうと思った。でも、現実問題として、私に何ができるのかわからない。まともな仕事に就いたことがなくて、学歴もない刑務所上がり。地元では札付きのワルとして素性がバレている。経済力もないじゃないですか。『どうせ私なんて』と気持ちが折れそうにはなってたかな」

そんな廣瀬に今回もまた電話がかかってくる。組織から、常連客から、戻っておいでよと誘いがかかる。一般社会では落第生でも、アウトロー社会では優等生。生きる手段はやっぱり悪事なのか。食べるためにはやむをえないと売人に復帰しかけた彼女は、しかしここで迷う。

勝手知ったる道を歩むのか、それとも新しい一歩を踏みだすのか……。廣瀬は人生の分かれ道に立っていた。

第3章 おまえの母ちゃんになってやる

1 悪い噂

違うスイッチが入った

これからの生活に希望を見いだせない廣瀬の心は荒れ、過去に舞い戻ろうとした。もっともラクなストレス解消法、それは——。

「私の悪いところとは、思い通りにいかないと『じゃあいいよ』とふて腐《くさ》れがちな点。このときも、投げやりになって覚せい剤に手を出したの」

警察からマークされているのは明白なのに、またしても売人に戻ったのか。

「そうなりかけたし、自分でも使いました。でも、母に見つかったんですよ」

廣瀬は出所以来、母と同居していた。ブツの隠し場所はなんと米びつの底である。

「親の家にガサ入れするとき、一般的に警察はターゲットの部屋しか調べないものなんです。拳銃とかならすべて調べるんだろうけど、クスリくらいじゃやらないというのが悪仲間の常識だった。そこで、米びつの中に一〇グラムとか二〇グラム入りの袋を二重にして隠していました。ところが、米びつから手を抜くときにお米がこぼれてしまう。母は、いつも朝起きると米粒が落ちているのを不審に思い、調べてビックリ。そりゃそうですよね、覚せい剤が出てきたんだから」

母親は激怒し、廣瀬をダルクへ引っ張っていった。正式名称はＮＰＯ法人日本ダルク。薬物依存者の回復支援施設で、栃木県にも相談窓口がある。

「担当の方に『この子は自分でやるっていうより、人に売る商売がやめられないんですけど、どうしたらいいですか』って訊いてました」

覚せい剤中毒にはなっていなくても、ラクして儲かるからと売人をしていたらクスリと縁が切れない。娘を立ち直らせるために、なんとかそこを断ち切らせたいという気持ちは廣瀬にもわかったが、この時点ではまだ商売に未練が残っていて、母親と大ゲンカを繰り返していた。本気で心配しているから、何かあれば警察を呼ばれかねない。

「母から『出ていけ』と言われてたまたま借りたのが、車でわずか一五分ほどの距離にある、いまの大伸ワークサポートの二階の部屋だった」

ケンカ別れした母親には、しばらく居場所を知らせなかったというから、かなり険悪になっていたのだろう。

それでどうしたのか。これまでの廣瀬なら何も考えずに売人を続けたはずだ。それしか知らないし、できないと決めつけていた。

でも今回は、本当にそれでいいの？　と自分に語りかけてくる声があった。

〈いや、ダメでしょ。いくら子どもとの関係が思い通りにならなかったとしても、やっぱりダメでしょ〉

自分は悪いことをして食べていくしかないと思ってきたが、このままでは同じことの繰り返しになるのは目に見えている。刑務所にいるとき、塀の外と内を何度も行き来している受刑者が何人もいた。ここで変わらないと私もああなるだろう。歳も取ってきたし、そろそろ落ち着きたい。一生このままでいくんだと思っていた一回目の出所時とは、考えることが違っていた。

「何が大きいといったら、もちろん出産です。母親になったことでこれまでとは違うスイッチがバーンと入った。子どもに対して恥ずかしい生き方をしたくないという思い。いろいろ考えた結果じゃなくて、産んだ瞬間、自動的に切り替わった。私はそう思ってるんだけど、わかります？」

僕とカンゴローは首を振った。廣瀬は刑務所で暴れまくっていたからだ。僕たちにとっては、子どもを引き取れなかったショックで反省のスイッチが入ったとするほうがわかりやすいストーリーなのである。

「ですよね。でも、そうじゃないんだなあ」

刑務所で暴れていたのは、出産してすぐ切り離されたことへの抗議と子どもに会えないストレスが原因で、反省とは無関係だという。

子どもの件についても、首尾良く親子で生活できるようになって「この子のために犯罪と縁を切ろう」と出直しを誓ったならわかるが、そうはならなかった。それまでならヤケになって売人に復帰しているはずで、そうしなかったのは全然、廣瀬らしくない。しかも、カタギの仕事に就くという、彼女にとって不自然なことをしようとしているのに、悩むことなく気持ちを切り替えられた。

「だからやっぱり、踏みとどまれたのは、すでに以前とは別のスイッチが入っていたからとしか考えられないなあ。そもそも、いつ、どうやって変わったなんて考えたことないよ」

過去を深く反省することで出直しを誓ったわけではないということだろうか。

「刑務所では、どうして捕まるようなヘマをしたんだろう、裁判で粘って外で産めば良かったという後悔はしました。でも、反省して出直しを誓ったかというと、そこまでキレイな話ではないんですよね。今度悪いことをして捕まったら終わりだという現実的な考えと、人の親になって自然に湧いてきた変わりたい思いが重なって、犯罪に手を染めないで生きる選択になったのかな」

十代から二十代にかけて猛スピードで走っていた車に、初めてブレーキがかかった。悪の道はここで行き止まりにし、新しい生き方を探すべくハンドルが切られたのだ。

そんな変化を知らない、過去の仲間からの誘惑に負けそうになる気持ちをかろうじて振りほどき、もう売人はしないと断った。迷うことはあっても、いったんこうと決めたら意志は固い。組織を儲けさせてきた実績、仲間を裏切らなかった信用がモノを言い、トラブルはなかった。

客からはガッカリされたが、彼らは覚せい剤が欲しいだけである。私はもうやらないからと断って、地元の暴力団関係の売人を紹介しているうちに〝明美が足を洗った〟というニュースは栃木の裏社会を一周し、やがて連絡もこなくなった。

ほかの人が怖がるから辞めてほしい

「それで、働いてみることにしたの。働くことがどんなことかも知らずに、仕事をして給料をもらう生活をしようって」

刑務所を出た人の社会復帰が難しい理由は、仕事と金がなく、親族にも見放されて孤立することが大きいとされる。その点、廣瀬は恵まれていた。良好な関係とはいえなくても母親や姉が近くにいて、住むところがあり、売人で荒稼ぎした分の貯《たくわ》えが残っていたからだ。

おもしろいのは、働くという発想が消去法から生まれたことである。三十代になるまでまともに勤めたことがなく、家族以外にはカタギの人との接点すらなかった廣瀬が、もう悪いことはしないと決めたことで、初めて一般社会を意識することになった。

悪いことをせずに稼ぐことなど自分にできるのか。いや、大多数の人は悪いことをせずに暮らしている。知らないだけで、世の中にはたくさんの仕事があるはず。探せば、自分にもできそうなことは見つかるだろう。これからはコツコツ働き、決まった給料でやりくりすればいい。どちらかといえば楽観的な考えだった。

自分にできそうな、まともな仕事は何か。運転免許は持っていたが車がないので、自転車でいける範囲で探し、給食センターにパートの職を得ることができた。十代の頃から料理が好きで、ときどき自炊もしていたので、決まったときはちょっと嬉しかった。仕事内容は調理補助。かつて刑務所で配膳係をしていたこともあって、三角巾をかぶり、かっぽう着姿でがんばった。

周囲に調子を合わせたり、同僚たちの性格を見極めることは、嘘や誇張、嫉妬が渦巻く刑務所の人間関係とは比較にならないほどたやすい。勤務態度はまじめだし、裏表のないサッパリした性格も歓迎され、職場の人とも順調に親しくなれた。

でも、長続きしない。ひと月もしないうちに過去がバレるのだ。

「廣瀬さんって昔、暴走族やってなかった？」

噂話はみんなの好物。誰かが思い出し、否定しないでいるとすぐに広まる。

「事件を起こして新聞に載ったよね……」

「あの人、前科持ちで刑務所にも入っていたらしいよ」

「やっぱり。私、ちょっと違うと思ってたんだよね」

情報は社員の耳にも伝わり、即座に解雇されることはなくても、態度がよそよそしくなる。朝の挨拶をしても、軽蔑の色を含むなおざりな反応しかされない。とくに女性スタッフは露骨に変わり、その空気が現場を染め上げるまでに時間はかからない。

居づらくなって給食センターをやめ、介護の仕事ならと考えてホームヘルパー二級の資格を取ってみたが結果は同じ。病院で食事を作る仕事も、工場の社員食堂も長続きしないまま、カタギ生活一年目が終わった。辞める原因はすべて噂だ。「ほかの人が怖がるから辞めてほしい」とはっきり言われたこともあった。仕事を探すためにハローワークへ行っても、悪名《あくみょう》高い廣瀬には職員がいい仕事を紹介したがらない。

まるで、過去に復讐されているような感じだった。

満期まで務めあげて罪を清算したからといって人々の記憶は消えず、世間は許してくれないのだ。まじめにやっていこうと思っても、働くことさえ難しいなら実績を積み上げるのは困難。スムーズな更生など絵に描いたモチである。元犯罪者として職場を転々とした体験は、数年後に自身の生き方を大きく変えていくことになるのだが、このときは悪循環にはまり、いくらもがいてもうまくいかなかった。

こうした仕打ちを、廣瀬は悔しさとともに黙って受け入れた。一般社会に入れば自分はまだ浮いた存在で、刑務所帰りとして怖がられ、信用もされない。いいとか悪いとかではなく、これが世間というものだと、社会に溶け込むことのきびしさを学んでいく。

金銭感覚についても大幅に狂っていて、給料日がくるたびに首をひねっていたそうだ。

「こんなに働いても月八万円ってどういうことなの、と思ってましたね。怒鳴られて嫌み言われて汗水たらして働いてこれだけかよ。朝早く起きて働いて、これじゃ刑務所と変わんねえじゃん、ちくしょー、みたいな。みんなそれでなんとかやってるんだけど、やりくりする感覚がマヒしてた。工場の調理部門に入ったときは早番と遅番が交互にあってけっこう稼げるはずなのに、手取りが一〇万円台だったんです。八万円とか一〇万円なんて売人なら一日の稼ぎだけど、それでもだんだんと、これまでが異常だったんだと思えるようにはなっていったかな」

仕事には恵まれなかったが、いいこともあった。見栄っぱりな性格を発揮する場面がなかったことだ。じつは、廣瀬自身にはブランド品を集めたり海外旅行にしょっちゅう行くような志向はなく、後輩の面倒を見るためにラクして稼ごうとするのが悪いほうへ崩れるパターンなのである。だが、先立つものがなければそれもできず、カッコ悪い自分を見られたくない気持ちから、後輩たちとも距離を置かざるをえない。

見栄を張らず、浪費をせず、犯罪やクスリと縁を切ることに集中したこの期間は、廣瀬にとって苦い思い出となっている。定職が得られない。家族ともうまくいかない。経済的にも立ちゆかない。立ち直りたいのに手を差し伸べてくれる人が見当たらない。仲間たちとの交流が復活していたら、覚せい剤に手を出していた可能性があったと本人も認める。

「お金がないから貯金を切り崩してやりくりしていた。つらいなあとため息をついていたけど、悪いことをしないで生きていくんだっていう気持ちは途切れなかったですね」

初めて関わった表社会で味わう寂しさや孤独は、刑務所以外ではずっとちやほやされてきた世間知らずが、〝ただの人〟になるために必要な時間だったのではないかと僕は思う。

地元で生きる

裁判を傍聴していると、裁判官や検察官が「出所後、悪い人間関係を断ち切る覚悟があるか」と被告人をただす場面に遭遇する。薬物関係の事件ではとくに多い。本人に薬物を断つ気があっても、これまでと同じ交遊関係を続ければ悪影響を受け、再犯の確率が高まると考えられているからだ。

それを熟知している弁護人があえてきびしい口調で被告人に迫り、罪を償って出所したら知り合いのいない街で暮らすと発言させて、裁判官の心証を良くしようとするのも定番のテクニック。新天地での出直し宣言は、反省と新たな決意を示すために都合がいいのである。

しかし、廣瀬からはこれまで一度も、よその街で出直すということばを聞いたことがない。まったく反省していなかった前回の出所時はわかるとしても、今回はそうじゃない。やり直したいと思っているのに地元ではすぐに素性がバレて仕事を辞めることの連続。悪い仲間とも連絡がつきやすく、廣瀬がその気になればすぐにでも、覚せい剤に溺れたり売人に戻ったりする環境が整っている。

たとえば、全国から人が集まる東京で暮らせば廣瀬の過去を知る人間は少なく、陰口《かげぐち》を叩かれたり、人目を避けて自宅に引きこもる必要もない。仕事の種類も多く、職場で後ろ指をさされるリスクも減らせるだろう。人見知りではないので、悪い仲間に頼らなくても新しい人間関係を作ることができるはずだ。それでいて栃木までは日帰り圏内。何かあればすぐ駆けつけられる。

行動に移すかどうかはともかく、人生をリセットしたい人なら誰でも考えそうなことである。もう悪いことはしないと心に誓っているなら、栃木を離れるという選択肢はなかったのだろうか。

「地元を離れる？　それは、これまで一度も考えたことがないですね」

その通りなのだろう。裁判所でありがちなやり取りを話してもピンとこないようだった。途中まで同じ境遇で育った姉は、実家から脱出すべく県外の大学へ進学し、さらに海外へも留学するなど積極的に環境を変えようとしてきたのに、どこが違うのだろうと考え込んでいると、カンゴローが前から思っていたことがあると言いだした。

「東京の話がちっとも出てこないでしょう。十代の頃は通過儀礼のように、東京に憧れて渋谷や原宿に遊びに行ったり、田舎にいつまでもいたくないと不満を持ってもおかしくない。学校にも行かずに遊びまわっていた廣瀬さんなのに、そういう時期がなかったのはなぜなんだろうと引っかかっていたんですよ」

カンゴローの疑問に廣瀬も興味を持ったので、三人で考えることにした。答えらしきものは短時間で見つかる。都会に憧れている時間がなかったのだ。東京いいなあ……、この気持ちは、中学・高校時代をゆったりした流れの中で過ごしていたり、目指す職業や憧れのスターがいてこそ育まれるもの。ところが中学生になった途端に不良化して暴力や薬物にまみれた廣瀬の十代は、どこを切り取ってもゆったりとは真逆。進学や就職もしなかったので、地元以外を意識する機会がなかった。

しかし、生活を立て直すために環境を変えたいなら、どこか遠くで暮らすことを考えても良かったはずなのに、考えることさえしなかったのはどうしてなのか。〝地元愛〟の正体はなんなのか。ヒントは廣瀬がよく口にすることばにある。

友だちや仲間の存在だ。

そもそも、廣瀬が荒れたのは寂しいから、友だちが欲しいからである。『魔罹啞』を結成して面倒を見続けてきたのも、後輩たちとの縁を大事にしたい気持ちが根底にあった。裏社会に顔を知られる存在になる頃には、知り合いのレベルから親友と呼べる存在まで人脈は広がった。これらは傍《はた》から見たら悪いつながりにしか見えない。でも、本人にとっては違う。結局のところ、地元愛の中身とは長い時間をかけてできあがった仲間たちとのネットワーク。別の場所で出直すということは、築いたネットワークを捨てることだ。

僕は裁判所の傍聴席で、悪い人間関係を断ち切ることが更生への近道だとする意見を、もっともな話として聞いてきた。それくらいの荒療治をしないと悪循環から逃れられないと思っていた。でも、失われるのは悪い人間関係だけではない。全部なくすのだ。

「地元には後輩連中もいて、数年後には従業員を紹介してもらえたりするんだけど、いずれにしても〝地元で〟の気持ちが強かった。それが自然だったし、私の全財産みたいなものだから。いまもそうですね」

過剰な地元愛が危険な執着であるのは言うまでもない。人は弱く、また悪の道に引きずり込まれるケースが後を絶たないから裁判で念を押される。しかし、廣瀬はこの面では幸運に恵まれていた。

これまで書いてきたように、廣瀬が二度目の出所後に難を逃れられたのは見栄っ張りでカッコつけな性格だったからである。みじめな姿を見せたくないとの思いがあったために、地元にいながら引きこもりがちな生活をしていたのだ。そのことが、中途半端な精神状態で仲間たちと交流することの歯止めとなっていた。

2 イチかバチか

建設業界が居場所だった

途方に暮れかけているとき、一緒に捕まった彼氏が出所してきたので仕事がうまくいっていないことを告げた。彼氏とは、逮捕を機に別れようという話にもなったが、手紙のやり取りは続いており、いったんよりを戻すことになったのだ。

「そうしたら『じゃあ一緒にやるか？』と言ってくれた。彼は建設現場で働いた経験もあり、つてを頼って仕事を見つけるつもりでいたんです」

辛抱すること一年、待望の転機が訪れたのである。

仕事がうまくいっていないときにぼんやり考えていたのは、やっぱり自分には夜の商売しかないかな、ということだった。十代から母親のスナックを手伝ってきた経験が生かせそうなことと、手伝ってもらえそうな『魔羅唖』の後輩もいたからだ。性格的にも接客業が向くのではないかと思っていた。

それなのに行動に移さず、つらい経験をしながら地味な職場を渡り歩いたのは、踏ん切りがつかなかったからとしか思えない。そこには、即断即決で物事を進めがちな廣瀬らしからぬ迷いが感じられる。水商売は当たり外れが大きいからというだけでは説明のつかない何かだ。

「私のテーマは、元の世界に戻らずに、普通の社会で生きていくにはどうしたらいいかでした。いろいろ考えたんですよ。売春あっせんとかさ」

それは法に触れるのでは。

「そうだよね。栃木は風俗が少ないからうまくいく気がしてたんだけど、摘発される可能性が高い」

普通の社会で生きていくんじゃなかったのか。

「もちろん考えただけですよ。ただ、なんていうのかな、優等生になったと誤解されがちなんですけど、そうじゃないというのが言いたい。こうしていきたいという具体的な目標があったんじゃなくて、手段はどうでもいいからカタギの世界に踏みとどまっていたかった。水商売はいいと思ったんですけど、どうしてもというほどではなかったのね」

店を持つことは、地元のネットワークに「私はここにいます」と宣言するようなものである。顔なじみがやってくるのは避けられず、売人時代の仲間から誘惑の手も伸びてくるだろうが、その誘いをきっぱり断る自信がない。母親の家に住んでいてさえたまに打つ誘惑に勝てず、米びつの底に隠していたくらいだ。売人になる誘いや、覚せい剤の底知れない魔力に逆らい切れなければ再び懲罰房が待っている。

そんな状況だったから、いまは彼氏の提案を受け入れ、水商売は最後の手段に残しておこうと考えることができた。

「あのとき現場へ誘ってくれたことを感謝しています。それまで視野に入っていなかった建設業界に出合ってなければ、どうなっていたか自分でもわからない」

廣瀬は若いときに短期間、先輩から手伝ってくれと頼まれて解体現場で働いた経験があった。女性としても小柄なほうで体力的に恵まれているとはいえないが、人が足りなければ雇ってくれるのではないだろうか。

貯金を切り崩してやりくりしていた廣瀬が、力仕事は無理とか調理関係でなければ嫌だとか贅沢《ぜいたく》を言わなかったのは、安定して稼げる仕事を見つけないと生活に困るからで、建設関係に興味があったわけではなかった。

しかし、可能性がありそうだから当たってみる程度がちょうど良かったのかもしれない。彼氏に連れられていった現場の働きやすさが、彼女の未来を変える最初の一歩となったのだ。

それまでの職場とは何が違ったのか。与えられた仕事は簡単なゴミ拾いだったから、仕事の内容に魅力を感じたのではない。

「彼氏が『(刑務所から)出てきたんだよ』と挨拶すると、現場の人たちが眉をひそめたりせず『おかえり』とか普通の対応なんですよ。私のことも知っていて『出てきたんか、今度はまじめにやれよ』と言ってくれて嬉しかった」

過去をほじくるようなこともなく、仕事をがんばってくれたらそれでいいという雰囲気。前科がバレるのを恐れていたそれまでの職場とは違っていた。ここが特殊なのではなく、建設会社や現場のスタッフは過去をさほど気にしないらしい。

「彼氏を使ってくれた会社の従業員も入れ墨を入れていたりして、見かけを問題視しない。その人を紹介するときも、『こいつも悪かったんだ。おまえも悪かったかもしれないけど、こいつも悪かったんだぞ。でも、いまはまじめにやっている』みたいな言い方で。なんか、良くないですか。仮面をかぶらず素のままでいられるって素晴らしいですよ。こんな世界があったんだ、気に入った、この業界で食べていこうと思いました」

仕事が変わるたびに袋小路に突き当たっていた彼女に、とうとう居場所が見つかったのだ。

浮上するきっかけがつかめないまま海の底をまさぐっていた足で、ポーンと海底を蹴る場面が目に浮かんだ。汗まみれになって働き、伸ばした指でつかんだ建設業界というロープをたぐり寄せる。やがて海面に顔を出すと、遠くに島が見え、彼女は思う。よし、まずはあそこまで泳いでいこう——。

方針が決まれば見極めは早い。建設業界が受け入れてくれそうなことはわかった。仕事も豊富にありそうで、当面は食べていけそうだ。でも、その先となると心もとない。現場仕事は男が主役。三十代になった自分はすでに、ちやほやされる存在ではないのである。ふくらんだ希望がしぼまないようにするには、業界内で最適のポジションを見つけることだ。

どうするか。現場では、非力な自分は男性スタッフにパワーで劣る。水撒《ま》きや砂利運びなどの軽作業ばかりではたいして稼げず、疲労もたまる。毎朝五時に起きて六時に集合し、暑いさなかに汗をだらだら流して働いていると気分が悪くなることもしばしば。何より現場でコツコツがんばるのは向いていないし、好きでもなかった。

ブルドーザーやクレーン車を運転できる特殊大型免許などを取得して存在価値を上げようにも時間と金がかかり、いますぐというわけにもいかない。何かほかに、自分を生かせる方法はあるだろうか。汗を流して働きながら考え、彼氏の人脈で会うことのできた地元の建設請負業の社長の話を聞くうち、建設業界では現場作業員の確保が常に課題となっていることがわかってきた。人手が足りないから、経験もパワーもない自分でも雇ってもらえているのだ。仕事を請け負う会社はいくつもあるように見えたが、現場が重なれば人手不足になる。そこにビジネスチャンスがありそうだ。

社長が相手でも気後れせずに意欲を示す廣瀬は気に入られ、業界のルールや仕組み、仕事のノウハウを学んでいく。そして、とうとうある社長が言いだした。

「俺が仕事を投げてやるから、ふたりで（請負業を）やってみたらいい」

独立の勧めである。将来的な会社設立を前提に、少人数での請負事業を始めることを勧められたのだ。

ここまでたどりつくのに数カ月しかかからなかったのは、人として信用されただけではなく、経営者の資質があると見込まれた結果だと思う。責任を持ってやり遂げると思えない相手に仕事をまわす社長はいない。

もうひとつ理由があるとすれば、仕事以外の実績だ。彼氏は地元で最大の暴走族の元総長で、廣瀬たちは元総長同士のカップルとして有名だった。過去にやらかしたことはさておき、人を束《たば》ねる力や胆力は、荒っぽい人間も多い現場スタッフを相手にするときに欠かせない資質。労働力集めに必須となる顔の広さも期待できる。社長はそのあたりを考慮して、このふたりならやれそうだと見込んだのかもしれなかった。

事務所を設立して請負業を開始した

人生初、まっとうな仕事がめぐってきた。うまくいくのだろうかという心配もよぎったが、チャンスを逃すべきではないと自分に言い聞かせて「やってみます」と答え、善は急げとばかりに事務所の設立準備に入った。二〇一〇年、三二歳のときだ。

「私も女だから、彼氏と事業を起こすことに喜びがありました」

逃避行の果てに逮捕され、刑務所で数年間を過ごしたふたりが手に手を取って新境地を切り開くのだから、気分が盛り上がったことだろう。

「自信なんてないけど、ひょっとしたらいけるかもしれないという思いはあったかな。地道に現場で働くよりは、経営者になるほうが良さそうでしょう。仕事を世話してくれるというういい話だったから、それを信じてイチかバチか自分たちでやってみよう。ダメならダメでそのとき考えよう。いつもそうだったように、勢いに任せて前に突き進んじゃいました」

廣瀬たちが始めようとしたのは現場作業の下請け。そんなに簡単に参入できるものなのかと思ったので、業界入門書で建設業界の仕組みを調べてみた。

専門化・分業化の進む建設産業では、基礎（くい打ち工事）、躯体《くたい》（とび・土木工事、型枠工事、鉄筋工事）、仕上げ（塗装工事、内装仕上げ工事、防水工事）、設備（電気設備工事、空調衛生工事）に施工《せこう》形態が分かれている。大きな工事があるときは、ゼネコン（総合工事業者）が元請けとなり、下請け業者の協力を得て工事を進めていくのが基本的なスタイルだ。

下請け業者も、なんでもこなすというより専門化することで技術力を向上させたり所有する施工機械を充実させているので、くい打ちはA社、電気設備工事はB社という具合に複数の業者が関わることが多く、さらに現場の労務提供は、A社やB社から下請けに依頼され、規模によっては下請けの下請けというふうに外注が繰り返される。

こういう仕組みになっているのは、建設工事の需要が流動的で、業務量が一定ではないからだ。常時雇用の社員は、仕事の少ない時期に合わせた数にしておき、忙しい時期には外注を利用することでリスクを減らすとともにコストダウンを図るのである。

A社は仕事が忙しくなると下請けのC社に応援を頼む。それが手に余る数のとき、C社はさらに下請けのD社に応援を頼む。専門的な技術を要するものは上の会社がやるので、末端になればなるほど業務は単純なものとなり、専門知識や資格がなくてもできる範囲のものになっていく。

つまり、廣瀬たちはこうした重層下請け構造の末端に入ることを勧められたのだ。社長が「うちの社員にならないか」ではなく「ふたりでやってみれば」と廣瀬たちに独立を勧めのは、自社のリスクを増やすことなく、人手が足りないときに応援してくれる下請けを作りたかったからでもあっただろう。建設業界ではそれがあたり前の発想で、だからこそ技術力や資本力のない素人でも参入することが可能になるのである。

本格的に起業するなら会社を設立するところだが、法人登記のルールすらよく知らなかったので、個人事業主として事務所を作り、振られた仕事を請け負う形態からのスタートだった。事務所名は彼氏と自分の名前から一文字ずつ取って大伸興業とした。彼氏ではなく廣瀬が代表になったのは、事業に取り組む気持ちの強さもあるが、単純に開業資金を持っていたからだ。

小さな事務所であっても、道具や作業着をそろえ、名刺や印鑑を作るには経費がかかる。人を雇って仕事を請け負えば、取引先から入金があるのが四五日後とか六〇日後。最初は給料を立て替えなければならず、従業員を使うなら給料の三倍の貯えが必要だと言われていた。それができるのは、ふたりのうち廣瀬しかいない。

「かつてクスリで儲けた貯金の残りを使ってね。地元の人ならわかっていることだけど、良くないお金を資本金代わりにしたんです」

虎の子の資金を突っ込んでの独立。後述するが、そこには現在のような、更生保護で人の役に立とうという気持ちは含まれていなかった。自分たちはどうやって食べていくか、悪いことをせずに生きていくにはどうしたらいいか。建設関係の請負業は、遠まわりしてやっと見つけたサバイバルの手段だった。

大伸興業の事務所は、たまたま空いていた住居の隣の部屋を借りた。家賃は五万五〇〇〇円で、一階は大家がやっている電気店。まだ会社ですらない小さな小さな拠点である。現場が仕事の場所なのだから立派な事務所は必要ない。現場へ行く車を買う金もないので、月額一万円かそこらのボロボロの軽自動車二台をリースしてまかなった。堅実な考え方に本気度の高さがうかがえる。

「お金もったいないですもん。で、いざ仕事を始めて、だんだん要領とかがわかってきますよね。営業もするようになって仕事の発注が増えてくる。普通は喜ばしいことじゃないですか。でも、私はけっこう困っちゃった。なぜだと思いますか？」

背中を押してくれた社長にピンハネされたら悲劇だが、それはなかったという。業界歴の浅いふたりをけしかけ、思い通りに使って儲けようとする人物かどうかは当然考え、尊敬できる相手だと思ったから社長のことばを信じたのだ。搾取するどころか独立後も応援してくれた社長に、廣瀬はいまでも感謝し、自分の身に起きたことを奇跡に近いと思っている。

となると、困ることは営業以外の何かだ。

「人集めです。仕事をもらうよりも働き手の調達が難しかった」

最初から大きな仕事が舞い込んだのではない。よちよち歩きの新参者らしく、大伸興業では彼氏が仲間に声をかけるところから人集めをスタートさせた。経験のある彼氏が職長となって現場に行き、徐々に仕事を覚えてもらう作戦だ。ひさしぶりに動きだした廣瀬の元へも、かつての仲間からポツポツ連絡が来るようになった。

「元総長同士で何か始めたらしいぜと噂になったりしたからかな。家でひっそりしている時期も終わって、私も表に出るようになってきたしね」

求人情報を出したハローワーク経由でも人はやってきた。組織の体《てい》を成していないのを知ると、まともな会社ではないと察して離れていく人もいたが、それはそれで良かった。資金繰りのことを考えても、当座は二、三人雇うくらいが規模に見合っていたからだ。

その代わり、その人数では請け負うことのできる仕事も限られている。あせっても仕方がないことで、それでも切れずに発注してくれる取引先を大事にしながら仕事をまわすと、給料を払っても黒字にはなった。

黒字のからくりは簡単で、廣瀬がつぶさないようにしていたのだ。たとえばひとり当たりの報酬が一万五〇〇〇円だとすると、そこから一万円が従業員、五〇〇〇円が事務所というように、お互いがつぶれない程度に売り上げを分配。事務所の存続優先で金の計算をしていた。当初は保険のことなどもよくわからず、整備したのは正式に法人化するときだ。

「毎月ギリギリですよ。家賃を払って、電気がつながって、なんとか納豆ご飯が食べられるくらいの生活レベルでした」

つましい食卓を思い出したのか、懐かしそうに目を細める。

「どんどん節約上手になって、月に五万円とか一〇万円を貯金にまわせるようになる頃には金銭感覚が身についてきた。ただ、人数の少ない請け負いでは利益が少ないので、パワーをつけるには人を増やす方向になる」

とにかく、いまは金を貯めて力をつけるのだ。資金繰りが順調になったら、そのときは攻めに転じてみせる……。

3 仲間から家族へ

胃袋をつかめ

会社が成長したいまも、社長業の間隙《かんげき》を縫って、廣瀬は夕方になると社員に食事をふるまうためキッチンに陣取る。儀式のようなまかない作りの習慣は事務所の設立当初、現場に出ない自分にできることは何だろうと考えて思いついたのが発端だ。

スタッフが現場から帰ってくるのを見計らい、ストーブの上にのせた鍋《なべ》で豚汁やカレーを作っておく。「そこで好きに食べて帰んな」と使い捨ての紙皿を渡し、酒も一緒に飲む。二、三名の食事会だったが、居酒屋のママ気分で楽しかった。

「料理が好きだし、私自身に一家団欒の経験がなかったから、みんなで食卓を囲むことにシアワセを感じるんでしょうね。おいしくご飯を食べているとき、人は笑顔になるじゃないですか。それが好きで作っていた。いまもそうしているけれど、福利厚生の一環みたいな考えが当時はなかったな。笑顔が見たかったんですよ。おいしいご飯を作れば喜んでくれて、仕事もがんばってくれると信じていた」

恋愛についての格言に〝男をつかむなら胃袋をつかめ〟というのがあるが、廣瀬のやり方は〝スタッフをつかむなら胃袋をつかめ〟。小さな事務所ではみんなが家族みたいなものだという考えだが、根っこには親の離婚で自炊を余儀なくされた中学時代からの経験があった。

「好きな人ができるとお弁当攻撃したりしてさ。一六歳から一八歳くらいかなあ、彼氏ができるとお弁当作って持たせたりとか。そうするとウケがいいのよ」

僕がすごいと思うのは、社員が増えた現在でも、昔と変わらず廣瀬の手料理が社員にふるまわれていることだ。家族持ちや自分で食べたい人はそれぞれで食べるが、独身者などは希望すれば就労日には無料で食べることができる。一〇名前後は食べにくるだろうか。そのため、冷蔵庫はいつも食材でパンパンだ。出所したばかりで給料日を迎えていないスタッフは金がないのでよく食べにくる。

メニューはカレーや肉じゃが、丼物など、寸胴《ずんどう》鍋で大量に作ることができるスタミナ食が主流。みんなが現場から戻ってくる時間に合わせて短時間で作り上げる。簡単なものしか作らないから飽きている社員もいるはずだと笑うが、生半可な信念ではできることではないと思う。

胃袋をつかむとどうなるのか。いいことばかりだと廣瀬は言う。

みんなで食卓を囲むと、おのずと会話が生まれ、社員同士の距離が縮まる。新人が入ってきたときも、同じ釜の飯を食うことで仲間意識が芽生える。誰々がふさぎ込んでいる、彼女ができた、借金をしている、挙動不審でクスリに手を出している可能性があるといった社員の事情が自然に耳に入り、共有しやすい。

仕事や人間関係の問題点について解決に向けての相談をする場合も、食事の場だとおだやかな話し合いになることが多かったりするのだろうか。

「いろいろですよ。食後に酒が入って大ゲンカになっちゃうこともある。だけど、大事なのはお互いが腹を割って話すことじゃないですか。ケンカがもとで仲良くなることもあるから、それでいいと思ってます。経営者と社員の間に壁を作らないとか、それらしいことは言えるけど、一番楽しんでいるのは私だから、面倒だとか思わないです」

一緒に食べ、飲むことで心の距離が近くなる。

「作るのも片付けるのも、素早くやるのが長続きのコツ」

数々のメリットがありつつも、もとをたどると〝ひとりで食事するのはつまらない〟だったりするのが寂しがり屋の廣瀬らしい。

「経営者のみなさんって、それぞれ自分のやり方があると思うんですが、私にはこれが合っている。唯一の難点は、カロリーの高い〝男飯〟を一緒になって食べていると太っちゃうことかな」

さて、人数を増やしてパワーアップを図るにはどうするか。一般的には知人に限定された人探しよりハローワークでの求人が効率が良さそうだ。事実、立ち上げのこの時期にハローワークを通じて応募し、いまでも古参社員として活躍中のスタッフもいる。

だが、ハローワークで人が集まったのは最初のうちだけだった。前科者の廣瀬はハローワークの職員にうさんくさい目で見られていたので、仕事を探しにきた人に職員が大伸興業を勧めることは少なかったのだ。

「『なんでだよ!』とは思った。いかに私の評判が悪かったか、だよね。うちにきた人から、ハローワークの職員に『あそこはやめておけ』と止められたと聞いたことがある。紹介してトラブルでもあったら困るからでしょう。公的な機関でさえそうなんだと悲しい気持ちになるけれど、それをひっくり返す力もなかった。私、いろんな人に言われました。あなたは信用できない。あなたのことが嫌いだ。よく地元にいられるものだ。最近になってようやく風向きが変わってきたけど、いまだにそう思っている人はいると思う」

それでも、噂を聞きつけた地元のヤンチャな子が「募集してますか」と訪ねてきたり、親になったかつての仲間が十代半ばの息子を働かせてくれと頼んできたりして、くる者は拒まず雇う形にはなった。

「仲間の力を借りてヨチヨチ歩きだしたんですね。経営者は駆けだし、スタッフも若くて未経験者中心。これじゃ大きなプロジェクトや専門的な仕事は入らない。ガンガン稼ぎたいのに人がいないよと思ったりもしたけど、業界に慣れる意味ではそれが良かった」

同じ町で生まれ育ち、ケンカや悪い遊びを通じて親しくなった仲間たちも、いい歳の大人になった。相変わらず荒れている者もいれば、時間とともに考えや行動が変わって落ち着いた生活を営む者、社会的に成功している者とさまざまな現在を生きている。

仲間の息子が十代半ばになっているほどの長いつきあいは、「悪い仲間」ということばで片づけられたかつての人間関係が、利害関係抜きで結びついた強力なネットワークに育つのに十分な時間でもあった。

母性の目覚め

事務所を立ち上げ、人を雇う。家族のような小さな集団として、ともに働き、食事をする。請け負った仕事を責任を持って遂行し、約束の金をもらう。そこから賃金を支払い、事務所の経費や今後の備えを除いた額でつましく暮らす。

決してラクではないけれど、すぐに倒れることもなく、なんとかやっていけそうだ。社会人経験が皆無に近い廣瀬としては上々の滑りだしである。

事業が軌道に乗るかどうかは、おおざっぱに言えば人材の確保と営業力にかかっている。人材はネットワークが生かせた。では、営業はどうか。廣瀬は新参者らしく腰を低くして、小さな仕事も喜んで引き受けるという、あたり前のことをしっかりとやり、地元業者間の評価を高めていった。

クライアントに気に入られて口コミでいい噂を流してもらう。それが最強の営業手段になることを、有能な売人だった廣瀬はよく知っていた。大仲興業にとって痛手《いたで》なのは、日給いくらで働いてもらっているスタッフが稼働できない日が増えること。合言葉は〝仕事を切らすな〟だ。

「実績がないからナメられるんでしょうね、支払い時になって値切られることもありました。未払いだって、この業界にはつきものです」

そんなときは、妥協できる点は妥協し、相手の思い通りにさせないほうがいいと思ったときは、人を介してやんわり抗議する大人の対応で乗り切った。

では、すべてがトントン拍子だったのか。そんなことはない。大仲興業が確保できた人材は地元ネットワークでかき集めた素人ばかり。経験不足は現場を率いる彼氏の腕でなんとかできたが、人の紹介で入ってくる者には、誰でも使ってもらえると勘違いした若者や、ヤクザをやめた連中も交じっていた。

そうなるとトラブルも増える。仲間内のケンカならいざ知らず、窃盗や暴力行為、クスリ関係などの刑事事件まで起きるのだから穏やかじゃない。

仮に僕が雇用主なら、胃薬が手放せなくなりそうだ。そして間違いなく、トラブルメーカーを一刻も早く辞めさせようとするだろう。

ところが、廣瀬の基準は別のところにあった。自分自身がトラブルメーカーとして暴れまくってきただけに少々のことでは眉ひとつ動かさないし、ケンカも盗みもクスリも経験済み。犯罪行為だからとビビることもなければ、犯罪者を差別することもない。

問題児が集まったら、トラブルのひとつやふたつは起こるもの。「あのバカ、どうしようもねーな」と嘆きはするが、見放す気はさらさらないのだ。重視するのは仕事をやる気があるかどうかで、なければ雇う意味もないと判断するが、働きたい気持ちがありつつ悪いことをしてしまうスタッフには妙に親身になってしまうのである。

なぜなら、流されて悪いことをしてしまうときが人にはあるし、犯罪者の烙印《らくいん》を押されてしまうと、立ち直るためのチャンスさえ与えられにくくなることを、彼女はわかっているからだ。人の過去を問わないのが建設業界のいいところなのに、自分が見放してしまったら彼らはいよいよ行くところがなくなってしまう。

おかげで、廣瀬には特殊な業務が発生する。従業員が事件を起こして捕まれば面会に行く。裁判沙汰になれば情状証人（刑が軽くなるよう訴える証人）として裁判所に出向き、法廷の証言台に立つ。スーパーで万引きしたスタッフがいれば、雇用主として店に菓子折りを持って謝りに行き、「本当にすみません、以後気をつけますので今回は穏便に済ませていただけませんか」と頭を下げる。

仕事上のミスならわかるが、犯罪行為の責任は本人にある。親でも親戚でもなく、ただの雇用主がそこまでする義務はない。それでも、請われれば情状証人として出廷し、出所後もしくは執行猶予後の身元引受人にもなることを告げ、被害者に頭も下げた。

外からは雇用主が過剰なほど従業員を庇《かば》っているように見えるが、これは廣瀬にとって、縁あって入ってきた仲間を守るべく力を貸す行為なのである。

「親と断絶している子や見放されている子は、守ってくれる人もいないんです。その役割を私が果たすことができるんだったら、お安い御用とは言わないまでも、ひと肌脱ごうって気持ちになる」

しかも、そういうことが苦痛ではない。むしろ、なんとなく心地いい……。

「なんか『この子たちをちゃんと立ち直らせなくちゃ』って思うようになっていったんです。母性本能の目覚めなのかもしれない。子どもを産んだけど離れているから、その子の代わりに誰かを幸せにしてあげたいという母性が出てきたんだと思うんです」

母性とは、母親として我が子を守り育てようとする本能や性質。廣瀬が言いたいのは、大伸興業のスタッフを自分が守るべき存在として意識し、実際に守ることが自分の喜びでもあるということだろう。

廣瀬流〝人の道〟

関わりのある人間が困っていたら放っておけない。こうした面倒見の良さは、『魔罹啞』を結成したときから備わっていた廣瀬の特徴だ。建設業に携わるようになって以降、後輩思いの姉御《あねご》から従業員思いの母親的な役割にシフトしたが、その本質は変わっていないように思える。

見返りを求めない行動を美談としてとらえがちな僕とカンゴローは、淡々と語られるエピソードを聞いてグッときてしまう。それを察した彼女は困った表情を浮かべた。

「話すのって難しい。大したことはしていないと言えば謙遜《けんそん》していると思われそうでしょう。かといって従業員を窮地から救い出すべくがんばってっていうのも……そこまでお人好しでもないしなあ」

「廣瀬さん、ホメられるのが苦手ですよね」

いい人扱いは迷惑だと言わんばかりの反応に、カンゴローが吹き出す。

「そうなんですよ。ホメられることに慣れていないから、どうしていいかわからなくなる。さっきの話も、やったことは事実だけれど、純粋に従業員のことを思って行動したかと訊かれれば、そうじゃないところもあるじゃないですか。私は経営者として、従業員を働かせて儲けようとしていただけ。人が減ったら困るというのが少しでもあったのだとすれば、結局は自分のためにやってたことになる」

「世話好きな性分から面倒な役目を引き受け、やってみたらけっこう楽しかった。単純にそういうことだと思えばいいのかな」とカンゴロー。

「そうそう。おせっかいな性格だからやっていただけなんです。母性が目覚めちゃってるから、ははは」

数年後には、出所者受け入れを自分の使命ではないかと考えるようになる廣瀬も、このときは深い考えからではなく、感情に身を任せて行動していたという。では、このときに行った疑似家族である従業員を救うために情状証人を買って出ることと、いまやっている刑務所を出ても行く当てのない元受刑者を雇い入れることにはなんの関係もないのだろうか。

そんなことはないと思う。もっとも大事なことが金であるなら、いくら母性が働いても、悪事を働く従業員はいないほうがいい。手を貸したからといって、改心してくれるかどうかもわからない。だったら、まじめに働いてくれる従業員を探すほうが、事業を大きくするためには効率的だと僕なら考える。器が小さいと思われても、ただでさえ非力な組織にトラブルメーカーを抱え込むゆとりなどあるはずがない、と。

ところが廣瀬は、頭の中が金でいっぱいだと言いつつ、かわいい従業員を手放してたまるかとばかりに奔走するのだ。普通ならストレスになりそうなことに心地よささえ感じながら……。それは、彼女にとってどちらも大事なことだからで、どちらかを選ぶという発想にはならないのだろう。

何がそうさせるのか。僕は廣瀬とつきあううちに、むこうみずで破れかぶれに見えがちな彼女の生き方には一定の法則があると思うようになっていった。そこを理解できないと、廣瀬のとる行動についていけなくなりそうだ。カンゴローに意見を聞くと、すでについていけなくなりかけているとの返事。これはマズいということで、オヤジふたりで知恵を出し合ってみた。


意外な印象を受けるかもしれないが、派手な外見や気風《きっぷ》の良さ、短期間に事業を拡大していった手腕から想像される、やり手経営者のイメージが廣瀬にはない。会社が大きくなっても夕方になるとキッチンで包丁を握り、現場から戻ってきた従業員をねぎらい、食卓を一緒に囲む姿には、〝廣瀬組〟とか〝廣瀬商店〟という古風な呼び方が似合う。そこにあるのは義理と人情がたっぷりの昔ながらの経営スタイルだ。

ひと癖もふた癖もある従業員たちを束ねていけるかどうかは、親方である廣瀬の双肩にかかるところが大きい。先々を考えれば、組織力を高めていかなければならないと廣瀬は思っているが、いまのところはそうなっている。

そういう集団では女であるために軽く見られることもある。しかし荒っぽい男たちを従わせるにはタフであらねばならない。芯が定まらず、いきあたりばったりな運営をしていたら、人はついてきてくれないのだ。

僕とカンゴローは、廣瀬に会うたびに「タフな人だ」と思っていたが、彼女のタフさを支えているのはなんなのかを話し合ってみよう。

すぐに出てきたのは〝任侠〟ということばだ。辞書には「弱きをたすけ強きをくじく気性に富むこと」（『広辞苑』第六版）と書かれているが、僕たちのイメージでは、いまどきの合理主義とは真逆の義理や人情を重んじる昔気質《かたぎ》な考え方といった意味合いである。挨拶や先輩・後輩の上下関係、誠実さ、筋の通し方など、廣瀬なりの作法のほとんどは、不良だった頃に身に着けたもので、一般社会の常識とは少し違っているために戸惑われることもあるらしい。

「見た目とのギャップが大きくて、オレも最初は接し方がわからず、遣わなくてもいい気を遣ったよ。でも、そういうことじゃないとわかってきた。筋の通らないことにはきびしいけど、話に裏表がなくて真っすぐでしょう」とカンゴロー。

僕は彼女が話してくれた、家出して転がり込んだ一軒家の規律を思い出した。ヤクザが用意してくれたその家は覚せい剤デビューした場所でもあるが、居候たちがトイレや風呂掃除を率先して行っていたというのだ。他人様《ひとさま》から借りた場所であり、たまに遊びに来るヤクザには食事をごちそうになったりするのだから失礼のないようにするという〝常識〟がそこにはあった。中学二年生のときにある組長から授かった「どんなに満腹でも、人からごちそうになるものは完食するのが礼儀だ」というイジメみたいな教えも一途《いちず》に守っている。

そんな調子だから、ある仕事で上司に借りた傘の骨組みが突風で折れてしまったときなど、とんでもないことをしたと青ざめ、同じ傘を探し歩いたが見つけられず、代わりとなる高価な傘を土下座して差し出し、逆に引かれてしまったこともあったらしい。

「本人は、いまどきの若い子には通用しないところもあるから軌道修正をしていると言っていた。だけど、ここ一番で発揮される肝の据わった行動はすごい。ヤクザの事務所に乗り込むメンタルには、廣瀬さん流の人の道が凝縮されていると思ったよ」

とカンゴローが感心するのは、覚せい剤に手を出す従業員が増えたとき、地元ネットワークの情報で売人ルートをつかんだ廣瀬が、元締めの組事務所にひとりで行き、「うちの子たちに売るのはやめてくれ」と直談判《じかだんぱん》、「ウン」と言わせたエピソードだ。頼み事をするからには自分から出向くリスクを取る。そのかいあって、欲しいと頼むから売っているといなされてもおかしくないところを、女だてらに乗り込む度胸を相手が認めてくれた。

「きっと裁判で証人になったりすることも、廣瀬一家の長としての筋を通そうとする彼女には自然なことなんだよね。捕まったのが若手ならなおのこと、親代わりの意識がある。筋といえばこの取材だってそうでしょう。人物ルポに不慣れなトロさんが、挨拶から始めて、主旨を説明し、取材を申し込む手順を踏んだのが功を奏した。廣瀬さん、きちんとした人だと勘違いしたんだよ、ははは」

仕事の電話で席を外していた廣瀬が戻ってきて、細いタバコに火をつけた。

「楽しそうに笑ってますねえ、なんの話?」

いえいえ、先を続けましょう。

4 運命の出会い

くそガキ、気に食わねえな

廣瀬が出所者の受け入れに興味を持ったのは事業を始めて一、二年たった頃で、動機は決してホメられたものではなかった。思うように従業員が集まらず、集まったとしても定着せず、困っていたのである。応募者に年長者は少なく、十代半ばのヤンチャな少年や、何かでしくじってムショ暮らしを経験してきた男たちが中心。出所を控えた人に声をかけておけば大伸興業で働いてもらえるのではないかと考えた。定職に就くことさえ苦労することは自分もよく知っている。

この時点でもまだ、人の役に立とうという発想はなかった。欲しいのは頭数《あたまかず》。仕事は入ってくるのに、出せる人数が足りないのが悩みのタネだったのだ。やるからには上を目指す。納豆ご飯を食べられることをありがたく感じる時期は終わっていた。

「お金、好きだからね。出所者に目をつける業者なんかいないだろうから私の独占じゃんって、儲ける気満々。ところが、どうしたらいいかもわからないわけですよ。ひらめきが実を結ぶのは数年後のことで、私がいまのようになるにはいくつか決定的な出来事があったんです。その最初のやつがこの時期にやってきました。アイツとの出会いが私の人生を変えたんです」

話はここからが本番だと言わんばかりである。こちらが驚くようなことも顔色ひとつ変えずに話す廣瀬が力をこめる出来事とは。今度はいかなるドラマを聞かされるのだろうか。

アイツとは、大伸ワークサポート取締役の原田健一（仮名）のことである。まだ二十代だが、廣瀬の右腕的存在のひとりで、鋭い眼光が印象的。よく廣瀬宅へ食事にくるので何度か会っていたが、見ず知らずの僕やカンゴローを警戒しているようなので、話しかけるのを遠慮していた。

「大伸興業を設立して二年目のとき、うちにいたヤンチャな子の紹介で入ってきたんですよ。そのとき原田は一七歳。いまだに目つきは悪いけど、もっと鋭かった。話しかけても無視するか『はぁ？』とかで、トゲのある子。礼儀作法もなってないから『このくそガキ、気に食わねえな』と好きじゃなかった。お互い、あいつは嫌いだと思っている関係」

当時もいまも、従業員には宿なしが多いため、廣瀬は資金の余裕ができると最優先で従業員を住まわせる寮を用意した。原田は２ＤＫのアパートをほかの従業員とシェアする形で使い、そこから仕事に行くので、事務所にいることの多い廣瀬と毎日顔を合わせるわけではなかったが、それにしても態度が悪かったらしい。手料理をふるまっても、黙々と食べて帰るだけだった。

「友だちとは喋るのに、私には〝話しかけるなオーラ〟が出ている。人間嫌いな性格で、様子をうかがうし、バリアを張るんです。どうせシカトされるか睨《にら》まれるだけなので、私も挨拶しなくなっちゃった。このときは、『俺は闇金をやる』とか言って一年続かないくらいでやめたんです。そうしたら一カ月もしないうちに捕まったんですよね」

汗水たらして働くよりラクして稼ぎたかったのだろうが、うまくいかなかったのだ。犯罪慣れしている廣瀬にとってはどうでもいい部類の事件。嫌ってもいたから心配さえしなかった。

そんな彼女のもとへ、保護司から連絡が入った。拘置所に収監されている原田についての問い合わせである。働いていた職場の代表ということで名前が出たのだろう。

「廣瀬さんは原田君がどういう家庭環境で生まれ育ったか聞いたことがありますか」

幼い頃から虐待を受けてきたことなど、廣瀬の知らないことを保護司は語り、とてもじゃないけど実家には戻せないという。その内容は、少々のことでは微動だにしない廣瀬の心を揺るがすほど衝撃的なものだった。

「知らなかった。あの子、私と口をきかないんですよ」

答えながら思う。家庭環境がそれほどひどければ人間不信にもなるだろう……。トゲのある態度には、人間不信にならざるをえない理由があったのだ。

「彼もまた雇ってもらいたがっているし、どうでしょうかね」

「本人がやりたいと言うなら、うちはいいですよ」

そう答えるしかないというより、そう答えるべきだと、廣瀬の母性が訴えかけてくる。実家に戻れば確実にまた荒れるのは目に見えていた。好き嫌いを言っている場合ではないのだ。

「親御さんが当てにならないのでぜひお願いしたい。ただ、未成年だから保護者が必要で、本来は親なんだけど、どうだろう、親代わりとして家庭裁判所の審判に出てもらえませんか」

「わかりました。原田がそれでいいと言うなら引き受けます」

情状証人や身元引受人は経験済みだから要領もわかる。だが、電話を切ったあとで、それだけでは不足な気がした。大伸興業で再雇用するだけでは、一時的な避難先にはなれても、また出ていってしまいかねない。

それはあの子の問題だと突き放す気にはなれなかった。雇い主としての責任感で、菓子折りを持って謝罪に行ったり、証人として情状酌量を求めたこれまでのケースと今回は違う。事情を知った上で身元引受人になるからには、人と人として、立場抜きでとことんつきあう覚悟を決めないとダメだ。それでも嫌い合うままなら仕方がないが、中途半端なことをしたら悔《く》いを残す。

そうだ、自分が捕まったとき、親が面会にきてくれたことがとても嬉しかったのを覚えている。私も原田に会いに行こう。親の愛情を受けてこなかったあの子に、私なりの親らしいことをすることによって、変わってくれたらいいな……。

おまえの母ちゃんになってやる

仲の悪かったふたりが面会室で向き合う。奇妙な感じだ。廣瀬の気持ちは伝わったのだろうか。これが成功したのだ。原田は照れているような、はにかんだような笑顔を見せて、初めておだやかに話をすることができた。

「面会にまできてくれるとは思わなかった」

「いや、くるよ。おまえ、いろいろあったんだな」

ことば数は多くなくても気持ちが通じ合う感触を廣瀬は得た。突っ張っていても、原田は人の心をちゃんと持っていて、ただ寂しいだけだったり、悪ぶっていただけなのだ。

「出たら戻っておいでね。アパートを用意して待ってるから」

審理の結果、少年院送りにはならず、鑑別所で約一カ月過ごしたあとに出てくることができた。以前とは別人のように喋るようになり、仕事のことからプライベートなことまで、ざっくばらんな話ができるようにもなった。比例するように、仕事への取り組み方も真剣になっていく。

心を開いてくれたのだ、と思った。かたくなに自分を拒否していた原田が、少しずつではあっても、自分を開放しようとしているのがわかる。私のしたことが彼をいいほうに変える一助となったのなら、なんて素晴らしいことだろう。

もしかしたら、私はこの子と出会うべくして出会ったのではないか。目標のないまま流れに身を任せ、目先のことだけ考えて生きてきたけれど、あなたにもできることがある、こういうことをしていきなさいと神様が教えてくれているのではないだろうか。

原田の変化を確認した廣瀬は、腫《は》れ物に触るように接するのを意識的にやめた。私はこの子を信頼できるようになったし、信頼してほしいと願っている。では、どうするのがいいか。すべてオープンにすることだ。普段通りが一番いい。

ある日、ふたりで話し込むうちに原田の家庭のことになった。親のことをどう思っているか尋ねると、眉ひとつ動かさずにこう言った。

「親だと思ったことはない。刺し殺したいです」

そこまで憎んでいるのか。

「母親が死んだら喜びますね。葬式は黒いネクタイじゃないですか。でも俺にとっては喜ばしいことだから、白いネクタイをして出席してやるんですよ」

悲しくて涙があふれそうになった廣瀬は、忘れようにも忘れられないことばを、原田に向かって放った。

「そんなこと言うなよ。じゃあわかった。産みの親はその人だけど、私があんたの育ての親になってやっから」

原田の顔がパァッと明るくなる。

「おまえの母ちゃんになってやる。これからは私が親だかんな！」

「それを言ってからは、彼がせがれのように思えてきて、彼も私のことを本当の母親のように慕ってくれるようになった。それで私、こういう生き方もありだと思ったの。『こういう子たちはたくさんいる。その子たちの力になってあげられるかもしれないな』と思ったのはそのときから」

原田は現場で腕を上げるとともに、人懐っこいとはいえないまでも、ほかの従業員とのコミュニケーションを取るようになり、実力で取締役に抜擢《ばってき》された。〝息子〟として、仕事とプライベートの両面で廣瀬を支える存在になっていった。

有言実行タイプの廣瀬は、原田の親にも何度か会いに行き、家族仲の悪さや、ゴミ屋敷と化した実家を確認。ますます本気で、母ちゃんは自分だと思うようになったそうだ。

ここまでの関係になれたのは今日まで原田のほかに数名だけ。こっちがその気になっても、やめたり、行方不明になったり、ケンカ別れで終わったり、いい方向にいかないケースもある。

原田とは、いまだに年に二回くらいは大ゲンカするという。もめたら最後、お互いに遠慮なしのバトルが繰り広げられるのだ。一年前のケンカを再現するとこんな感じになる。原田は体調を崩してうつ気味になり、仕事に出られない状態が続いて食事もろくにとらず、アパートの家賃も払えないので、廣瀬の自宅に住み込んでいた。母ちゃんとしては心配な状況だが、調子の良くなってきた原田は女遊びにうつつをぬかしているように見えたので、廣瀬の堪忍袋の緒《お》が切れた。

「おまえね、そうやってタダ飯食って、なのに女遊びしてふざけんじゃねえ。しかもバイクを買うってどういうことだ」

「バイクに乗って何が悪いんだよ」

「優先順位が違うんだ。そういうのは仕事に出てからにしろ」

「俺はまだ病気で、治りかけているときに女と遊んだって、母ちゃんに関係ねえだろ」

言ってはならないひと言が拍車をかける。

「関係なくねえんだ、このくそガキ」

「うるせぇくそババア」

「じゃあもういいよ、さようなら」

まるで本物の親子ゲンカである。

「親子の縁を築けたと思っていた人とも、あっさりこれで終わりなんですね」

絶縁さえ匂わせる展開に、このままでいいのかと周囲がざわめいても、廣瀬の怒りは収まらない。

「わかりました。俺、出ていきますから」

「達者でやれよ」

結果、原田は家出。いつもはケンカの翌日に仲直りするのだが、このときは三日間帰ってこなかったという。

「体調のことがあるからさすがに心配になったけど、謝りにきて、それで解決。私、そんなことで終わっちゃうつきあいはしてこなかったつもりでいるから、仲直りできるかどうかなんて疑うこともないんだよね」

ケンカとなれば命がけで、相手を叩きつぶすまでやめようとしなかった廣瀬は、どんなに激しくぶつかり合っても壊れないどころか、お互いのいいところも悪いところもさらけ出してわかり合おうとするのだ。

変わったのは原田だけではなかった。廣瀬もまた、口をきかない生意気な少年との出会いによって、進むべき道を発見していったのだと思う。

「あの子とはそうなっちゃいましたね。私のことはうるせえババアだと思っているんじゃないかな。

でも、あの日の『おまえの母ちゃんになってやる』が嘘じゃないことは、わかってくれていると信じたいな。そうだ、原田からも話を聞いてみてくださいよ」

5 原田健一氏インタビュー

俺の仕事は母ちゃんを守ること

――今日はありがとうございます。原田さんは寡黙なので、インタビューを断られるんじゃないかと思っていました。

原田　そんなことないですよ。社長（廣瀬）からの話だし、俺なりにふたり（北尾、カンゴロー）を観察してきて悪い人ではないと思っていた。社長を利用してやろうみたいな人なら断ってました。

――ここには二〇一一年から在籍しているんですよね

原田　三月に起きた東日本大震災のあと、建設業界では解体作業部門が忙しくなって人が足りなかったので、働いていた友だちにバイトでいいから来てくれと頼まれたのが最初です。当時、俺は保護観察（少年院や刑務所ではなく、保護司の指導のもと、社会の中で更生するように指導・支援する施策）期間で、仕事をするか学校に通うかしないとまずい立場だったので、やってみようかなと思いました。社長は事務所の隣に住んでいて、ひょいとやってきましたね。紹介だったからうるさくも聞かれず「いつからこれる？」となって、すぐ採掘現場に入りました。

――現場仕事の経験はあったんですか？

原田　まったくないです。ここがいいと思ったのは寮があったからですね。俺は早く家を出たかったんで。それまでは友だちの家にいました。中学の頃からずっとそうでした。

――幼いときから親の虐待を受けていたと聞きました。話せる範囲でいいので、どういう環境だったのか教えてください。

原田 テレビなどで虐待が取り上げられることがあっても、うちと比べたらもう全然マシだと思うレベルですよ。家族はじいちゃんと両親、子どもが男五人なんだけど、親父が飲んだくれの暴力男で、おふくろも精神的に不安定。俺は兄弟の真ん中で、気が強いからいつも標的にされた。一番上の兄は脳に障がいがあり、一番下は難病患者だからやられない。二番目と四番目はうまく逃げる。ボコボコにされるのは俺ばかり。刃物を振りまわすような夫婦ゲンカも日常なんだけど、おふくろがやられないように止めに入ると、なぜか俺が親父とおふくろに殴られまくる。じいちゃんと親もうまくいってなくて、いつもわめきあってる。物心ついて以来、ずっとそういう毎日だった。

どう説明すればわかってもらえるかな。たとえば、俺はおふくろに飯なんか作ってもらったことがない。作ってくれないから炊飯器とか冷蔵庫を開けるじゃないですか。すると、おまえの金で買ったんじゃないから勝手に食うなと罵倒される。どうしていたか? 米びつから生米を盗んで口に含み、くちゃくちゃとふやかして喉に流し込みます。学校の運動会とか、どっかで盗んだ弁当とか食ってました。そうするしか……、悪いことしている実感もなく。学校の給食だけがまともな食事。その学校でも小学校のときはいじめの対象。中学では完全無視されて友だちゼロ。いつも図書館で本を読んでいた。歴史や科学の本を好きになりました。

家は狭い上にボロボロで、足の踏み場がないくらい、床上五〇センチまでゴミで埋まっている。誰も片づけない。で、親から嫌われていた俺の寝床は玄関の土間の上。座布団二枚敷いて毛布をかけて寝ていました。そんなふうで、うちは性的虐待以外は全部そろってました。児童相談所に駆け込む知恵もなく、そのうち窃盗とか傷害事件を起こすようになって、一三歳からはしょっちゅう捕まっていた。二番目の兄と四番目の弟はヤクザの舎弟になって家を出ていき、俺も中学を出てからは外で寝泊まりするようになりました。もう、何もかもが最悪。

――警察には事情を話したんですか？

原田　そんな家にいたらこうなっちゃうのも仕方ないなと思ったのか、係長とかが部下に買いにいかせて、「飯、食ってないだろう」って食べさせてくれたりしましたよ。「仕事だから捕まえたり保護したりするけど、家庭の事情は知っているから、おまえを責めたりはしない」と言ってくれて、理解してくれる大人もいるんだと思いましたね。逮捕は二回だったけど、警察って安全で悪くないと思えるほど何十回もお世話になった。

――大伸興業に行くまではどうやって食いつないでいたんですか？

原田　ケンカや恐喝をして、奪った金で飯を食う。遊ぶ金ではなく、生きるため。罪悪感さえ持っていなかったですね。あと、地元の右翼団体に入ったこともあります。当時、外国人は日本から出ていけみたいな偏《かたよ》った考え方になってきて、中国大使館に抗議文を出しにいったり、街宣車を走らせたりしてました。大伸興業に行ったときは右翼団体にもまだ属していたかな。

――いったんやめて、捕まったとき、廣瀬さんが面会に行きます。そこから一気に打ち解けて、ついには「おまえの母ちゃんになってやる」と宣言されるまでになる。言われた側としてはどんな気持ちだったのでしょう？

原田　一九歳のときに恐喝と監禁、傷害で捕まったときに面会にきてくれたんですよ。それまで、俺には面会者なんていないわけです。それなのに俺のために時間を割き、たった一五分かそこらの面会のために宇都宮まできてくれたことがまず嬉しかった。社長は説教するでもなく、身体を気遣うみたいな話をしました。「大丈夫か」と心配してくれて、俺はそれでやられちゃいました。同じ建設業界の下請けで、住み込みで働ける仕事のアテはほかにもあったんだけど、大仲に戻ろうと思って「働かせてください」と手紙を書きました。

あの言葉は、居住地となっている実家に行く俺に社長がついてきてくれて、おふくろの様子を目《ま》の当たりにしたあとに出た。名言？ そうですよね、とっさに出たものだと思いますよ。あのとき社長は三十代半ばでしたから、俺だってビックリしましたよ。なんていうか、本当にそんなことを言う人がいるのかと感動したんですよ。

それからは仕事でも私生活でも、自分が変わっていく感じがすごくあった。それまでのように寝坊してバックレて、つぎの日呼び出されて怒鳴られたりすることもなくなった。まじめになったんじゃないですよ。寝坊してバックレると、元請けの会社に頭を下げるのは社長でしょ。嫌な思いをさせたり迷惑をかけたりしたくないと思うようになったんです。金を稼ぐためにここにいるんじゃないと思うようにもなった。これまで、給料安いとか文句言ったことがない。俺は社長がいるからここで働いているんです。

――聞いていると、お互いにとって運命的な出会いだったとわかります。

原田　まあ、俺の思いが強すぎる部分もありますね。社長は俺とのことがきっかけで、〝みんなの母ちゃん〟でいることを自分の立ち位置にしようと決めたのだと思う。でも、従業員の中には社長にわけのわからない口のきき方をしたり、彼氏気取りで接したりする、ぶっ飛ばしたくなる勘違い野郎も出てくるじゃないですか。実際、社長に惚れるやつもいますから、バレないところで何人かボコボコにしてますけど。

とにかく俺は自分の役割として、社長を守らないといけないと思ってますね。いくら気が強くても力では男に負けるから、そこは誰かがいないとダメ。母親が危険にさらされたら息子は助けようと思うじゃないですか。実家では味わったことのない損得抜きの感情を社長に持ってるんです。そんな俺は社員たちから好かれてないけど、そんなのはどうでもいい。興味がない。

意見が合わないこともありますよ。おふくろについて、いまだに社長は「それでも、あんたを産んでくれた親なんだから」と言うんですけど、俺にはその気持ちはわからない。仕事に関しても、社長は優しいからいいところを見て出所者を受け入れようとするので、意見が対立することがある。俺は人を見てかわいそうだと思う感情が欠落しているんですかね。がんばりたいと言っているんだからチャンスをあげようと社長が言うのを「甘いな」と感じてしまいがち。

だけど社長はやるじゃないですか。さんざん裏切られてもあきらめない。そういう考え方ができるところを、俺はすごく尊敬します。

社長に叱られるかもしれないけど、人生やり直そうとうちに入ってくる人間の一定数は、そうならないわけですよ。がんばりますなんて意気込んでも信用できないし、信用したらしただけ裏切られたときのダメージも大きい。だから俺は、自分を守るためにも、最初から期待をしないでおこうと考える。

なのに社長は傷つくのを覚悟で信じようとする。俺から見ると、社長がOK出して採用する人間には、どこがOKなんだよと思う変なやつもいますよ。社長は人の面倒を見る力がすごくあるけど、正直言って、人を見る目はそこまでないです。情にもろい。信じずに見捨てるより、信じて裏切られるほうがいいとマジで思っているんですよ。

だから響く人にはどこまでも響くんですけどね。あの人は信じてくれるんですよ。だから俺も裏切れないだろうな。

——ときどき原田さんのような人が出てくるから、社長も我が道を行くことができるのではないですか。仕事面でも信頼されている。

原田　ワンマンになったら会社は終わりだから、俺みたいに遠慮なく「それは間違ってるよ」とはっきり言える人間も必要だと思ってます。社長は聞く耳を持っているから仕事の話はしやすいですね。

最近、会社の仕事量は変わらないのに社長の負担が増えているという話になり、原因がどこにあるのか考えたりもしました。従業員が酔っ払って社長に電話をかけてくるとか、よくあるんですよ。あと、うちの場合は覚せい剤で捕まってた人間も多くて、あいつはやってるんじゃないかとか、そういうことで社長が気をもむこともあるじゃないですか。

社長は従業員を疑いたくないだろうけど、何か手を打つべきだとグループLINEを導入してもらった。やってるやつは挙動が怪しくなるのでピンとくる。疑わしいのは尿検査することにし、発覚したら警察行きかダルク行きを本人に選ばせる。こうすれば抑止効果もあるかもしれないから。

ただ、さっきも言ったように、俺は会社を愛しているわけでも、大きくしたいとも思ってないから、ずっとここにはいないと思います。ケンカ別れではなく、俺がいなくてもいいとなればいつ離れてもいい。

日本は合わないと思っているので、将来は海外に住みたいんですよ。そこで幸せになって、社長に「おまえ、良くやったな。自慢の息子だな」とか言われるのって、なんか良くないですか。

6 負けるもんか

レディース元総長、社長になる

二〇一〇年に事務所を設立してからの二年間、大伸興業の代表となった廣瀬は、堅実な営業活動と彼氏のネットワークを駆使した人集めで売り上げを伸ばしていった。そうなると、元総長同士のカップルを興味本位で眺めていた人たちの見る目も変わってくる。案外やるじゃないか、という評価を耳にすれば悪い気はしない。

トップに立って組織をまわしていれば、足りない部分も身に染みてくる。

「こういう人を雇うと続くとか、このタイプはうちと合わないとか、毎日が勉強。事故を起こしたときの補償ができないと組織として未熟なままだ、とかね」

個人事業主としての登記は当然行っていたが、従業員のことを考えると、社会保険に加入するなど雇う側の責任を果たすべき時期になっているのは明らかだった。いまのままでは営業面で弱く、大きな仕事を取れないだろう。そこで、株式会社として登記することにしたが、大伸興業という会社がすでにあることがわかった。

「しょうがないから自分で考えて、建設現場の仕事をサポートするんだから『株式会社　大伸ワークサポート』を社名にしました。大伸の部分さえ残せれば良かったので悩むことはなかった。業務内容

堅実に業績を伸ばし、地域に定着してきた。

に変わりはなくても、一人前になった気がして嬉しかったですね」

法律的に許されているとはいえ、これまではどこか〝もぐり〟で仕事をしている気持ちがあったのだ。

「お金の面では損だなと思ったけどね。書類もきちんと作らなくちゃいけないし、税金ってこんなに払うんだというのを思い知らされました」

売人の辞書に税金ということばはなかった？

「そうそう。立ち上げた当初は以前のクセが抜けなくて、『税金なんか知らねーよ』みたいな感じだった。そのため、まじめに払ったら損した気分になったりしたけど、あのとき会社にして良かった。人生がおもしろくなってきたんですよ」

金持ちの家に生まれ、優秀な売人でもあった廣瀬は、それまでの人生の大半を金に不自由せず過ごしてきた。どんちゃん騒ぎもさんざんしてきた。欲望に逆らうことなく、敵がいれば殴り、覚せい剤に溺《おぼ》れた。でも、事業を始めたことで新たに知った喜びがある。それは、〝やりがい〟だったという。

「お金というよりは、そっちに魅力を感じるようになっていったんです」

彼女らしくない殊勝な言い方に虚を突かれた僕は、思わず吹き出してしまった。

「あはは、笑っちゃいますよね。でも本当なんですよ。私みたいな人生を送ってきた人間でも活躍できる場はここしかない、この商売しかないと思うようになった。最初はそうではなかったじゃん？　自分が生きるための手段にすぎなかった。納豆ご飯ばかり食べてさ。それが普通にご飯が食べられるようになって、自分の役割らしきものがわかってきたんでしょうね。従業員の生活がかかっていることで、仕事を取りたい、待遇も良くしたいとモチベーションが上がった」

大伸興業を踏襲する形で、新会社の代表には廣瀬が就任。レディース暴走族『魔罹啞』の初代総長から、ワケあり従業員たちを束ねる大伸ワークサポートの社長へと肩書が変わったのだ。


この時期には、ほかにも幸せな出来事があった。彼氏の子（女児）を出産したのだ。この機会に入籍もした。

獄中出産した子どもの父親も彼氏だから、ふたりの第二子ということになる。彼氏は、出産後すぐに施設に預けられた第一子には会ったことがなかった。しかし、今回は通常の出産で、両親そろって塀の外にいる。無事に生まれたと聞いた瞬間、おそらく飛び上がるほど喜んだことだろう。僕なんて、自分の子どもを初めて抱いたときの感触を思い出すと、いまだにニヤついてしまうほどなのだから。

「そう……ですね。もちろん喜んではいました。だけど、劇的に父親らしくなるようなことはなかったかな。赤ん坊がいると、ふたりきりのときとは家の雰囲気もガラリと変わるじゃないですか。ふたり目の子どもといっても、私は新米ママみたいなものだから子育てに必死。生活感が一気に出てくる。そういうのが苦手な人でもあったから、がんばって一緒に育てようって感じでもなくて」

なんだか歯切れの悪い言い方だ。子煩悩《こぼんのう》な人ではなかったということなのか。

「というか、始まってしまったんです、女遊びが」

僕は廣瀬がいま、バツイチの独身女性であることを知っている。つまり、この最初の夫とはどこかのタイミングで別れたということだ。

いつかは離婚について聞かなければと思っていたが、警察に指名手配されたときに最後まで一緒にいた相手で、最初の子の父親でもある。先に出所した廣瀬が刑務所にいる彼氏に手紙を出したのも、つらい境遇に耐えていたのも、彼氏が出てくるのを待つ気持ちがあったからと考えられなくもない。事実、彼氏の出所後はよりを戻し、現場で働き、ふたりで起業。第二子が誕生し、入籍もしたとなれば、苦楽をともにしてきた相棒みたいな間柄として当分はやっていくのだろうと思って、油断していた。

捨てられるはずがないと思っていた

建設の仕事が救いとなった廣瀬とは異なり、夫はそこに特別な感情を持っていない。あくまでも飯のタネ。事業が軌道に乗れば乗るほど経営への関心は薄れていくようだった。法人化に際してもそれは変わらず、会社のことは任せたとばかりにノータッチ。かろうじて一緒に住んではいたが、家を空けることも多くなり、ふたりの関係が冷えていくのと比例するように女遊びがひどくなっていったという。

「もともと女遊びが激しい人というのはわかっていて、浮気はしてると思っていたし、それを責める気もなかった。仕事の関わりは少なくなっても、彼のつてで入ってきた従業員に何かあったときには、彼氏に助けてもらうこともありましたから感謝もしていました」

トラブルが起きたときなど、コワモテで恐れられていた夫の力を必要とすることもあったのである。DVをされるわけでもないので、浮気で済むなら耐える気でいた。子育てや仕事なら頼らなくてもやっていけそうでもあった。しかし、夫はあらたに水商売を始めてしまう。家へも帰ってこなくなった。おそらく愛人のところだろう。店も、その女にやらせているに違いない。

「これには参りましたね。恥ずかしいんだけど、なんだかんだいってもこいつは自分にメロメロだと思っていたの。だけど、私は出産後に激太りしたんですよ。出会ったときには三〇キロ台のガリガリだったのが一挙に太ってしまった。彼氏は痩せている私にはメロメロでも、激太りの私は嫌だったみたいで」

覚せい剤の影響で極端に痩せていたのが気に入っていたと？

「そうなんです。でも、もうやめちゃってるから〝覚せい剤ダイエット〟もできないし、（仕事と育児に追われて）体型に気を使う気持ちの余裕もなくて」

廣瀬は太ったことを理由に挙げるが、おそらくは一般的によく言われるように、彼女を女性としてではなく、子どもの母親としか見られなくなったのではないだろうか。廣瀬はふたりの関係性に対する意識を恋人同士から娘の両親へとスムーズに変えられたが、夫にはそれができなかったのだと思う。しばらくすると完全に別居状態になった。どちらも関係の修復を図ろうとしなかったのは、夫婦関係以外は順調だったからである。夫の店は繁盛し、短期間で三店舗を経営するまでになった。つまり、自力で収入源を確保したということだ。

一方の廣瀬も、社長業と母親業を両立させてフル稼働。夫が背後に控えていなくてもやっていけることを証明し、従業員からの信頼は増すばかり。皮肉なことに、彼が関わらなくなってから大伸の業績は右肩上がりになっていった。

本音を言えば、仮面夫婦でもいいから一緒にいたかったという。

「自分の親が離婚しているから、安定した家庭への憧れが強いんでしょう。離婚したら、私も子どもに寂しい思いをさせることになるんじゃないかと怖かったんです。だけど現実を見ると、浮気では収まらず、どっちが妻だかわからないっていう愛人ができちゃってる。その人にも連れ子がいて、運動会に一緒に行ったりしている。向こうに住み、家族のように暮らしてるんだから、もう終わってますよね」

かといってケンカしているわけではなく、ときには娘の顔を見にくることもあったが、事情を知る友人や従業員に同情されるのが苦痛になってきた。そして二〇一六年、そんなにその女がいいならと離婚を切り出す。

夫の答えはイエス。時間をかけて結論を出した廣瀬にも動揺はない。親権は廣瀬が持つことで合意できたし、あとは財産分与などを淡々と進めれば良かった。

波乱が幕を開けたのは、最後の詰めの段階である。廣瀬ががんばって会社を大きくしてきたことは認めるが、立ち上げに関わり、自分が連れてきた従業員もかなりいるのだから、会社の資産の半分を譲ってほしいと言われたのだ。

法律的な権利はわからなかったが、初期段階で貢献してもらったのは事実だから、車を三台ほど渡すことにした。が、それだけでは済まなかった。なんと、新しく建設業の会社を作るから従業員もよこせという。

「はあ？」

あっけにとられた廣瀬だが、突っぱねることもできないでいると、どんどん引き抜きが始まった。

不良の世界は上下関係にうるさい。声をかけられた者の多くは、先輩である元夫の強引な誘いを断ることもできずに退社。戦力となるスタッフを七、八名、ごっそり持っていかれてしまった。

「原田は『俺は社長を母ちゃんと思っているから行きません』と言ってくれたけど、だいたいは彼氏の圧力に逆らえず『行きたくないけど行きます』となった。やっとまともになった大伸を離れれば、また保険とかもなくなるよと止めても無理だった。円満離婚したかったのに、最後はケンカ別れになってしまいました」

車はまだいい。くれてやる。でも、せっかく育てた人材をかっさらうのは人としてどうなんだ。しかも、水商売ではなく同業者になるという。同地域で起業するばかりか、元妻のところにいた従業員を引き抜いて使うなんて、いくらなんでも筋が通らないんじゃないか。

どうも、愛人の気配を感じる。聞けば、社長にはその愛人がなるという。水商売がうまくいってないか、自分への対抗意識から元夫を焚《た》きつけたか。従業員を引き抜くだけでは済まず、取引先も奪おうとしてくるだろう。

自社の大ピンチに悔しさが重なり、はらわたが煮えくりかえる。どうしたら会社を盛り返していけるのか悩みに悩んだ。結論はこうだ。

「売られたケンカ、買ってやるよ」

出所以来、鳴りを潜めていた〝『魔羅唖』の明美〟にひさしぶりの出番がきた。

引き抜かれたら抜き返せ

大伸ワークサポート常務取締役の鎌倉利之は、このとき引き抜かれた従業員のひとりだ。出身は栃木県益子町《ましこまち》。高校中退後、家業の中華料理屋を手伝いながら、仲間とバイクを転がしたり、ときには警察のお世話になったりする、よくいるヤンキーのひとりだったという。薬物に手を出したり刑務所に入ったりしたことはない。建設関係の職人になろうと働き始めた頃、知人のつてで元夫とつながり、大伸興業時代に二〇代半ばで入ってきた。

「十代の子が多くて、すぐに打ち解けられそうだと思いました。人手が足りずに困っていたので、自分も駆け出しでしたけどやってみようと。仕事はその頃からいっぱいありました。当時は解体現場の作業が多く、うちが頼まれるのは建物を壊す作業より片づけ的なもの。そこから見よう見まねで仕事を覚えて、必要な資格を取得するとか、だんだん技術を身に着けていきました。資格などは社長に取りたいと言えば取らせてもらえました」

経歴にとらわれることなく人に接し、温厚な性格の鎌倉は、血気盛んな若者が多い中、全体の調整役もできる貴重な人材。いまや廣瀬からの信頼も厚い幹部だが、離婚騒動のとき、元夫に引き抜かれたメンバーでもある。当時の肩書は専務だった。

「怖い人だったから断り切れずに行っちゃいましたが、社長の女性は素人だし、建設業界でやっていこうという迫力もないんです。営業力もなく、従業員の面倒見も悪い。これで大丈夫なのかと不安しかなかった。すぐに後悔して、できれば戻りたかったけど、狭い業界だから情報が筒抜けになる。廣瀬社長に迷惑をかけてもいけないので、悩んでましたね」

いったんは離れたが、戻ってきて正解だったと
鎌倉は振り返る。

安定した仕事と賃金が得られれば割り切ることもできるのだが、新会社ではそうもいかない。日銭で暮らすような人が多い業界で、これは致命的。仕方なく辞めて、よその会社に行ったり、違う業種に転向する者が後を絶たなかった。

では、この業界で生きていこうと考えていた鎌倉はどうやって元の職場に戻ったのか？

廣瀬はまず、夫婦間の問題を整理した。渡すものは渡したのだから、今度はもらう番である。

「不貞行為による離婚なので、家と土地は慰謝料代わりにもらいますと。私はどうしても家が欲しくて、娘が生まれてすぐ土地の広い中古物件が安く出ていたのを買っていたんです。その代わり養育費はいらないということで話をつけました」

あとは連れ去られた従業員の奪還だ。彼らは離婚絡みの分裂騒動に巻き込まれた被害者のようなもの。単なる人材というより、大伸を盛り上げていく仲間であって敵ではない。

「乗り込むわけにはいかないので、常に声かけはしていたんです。『そっちはどう？　私は絶対にこっちへ帰ってきてほしいんだよね』とね。みんなは私を裏切ったと思っているけど、悪いのはこっちだもんね。で、話を聞くと愛人社長の評判がやっぱり悪い。あと、警察が元夫をマークしていることも、情報網から仕入れていた。これは近いうちに捕まるな。そうなったとき、私と子どもを捨てたことを後悔するだろう、と」

もっとも効果的な復讐の手段は何かと考えた廣瀬は、一刻も早くやめたがっている鎌倉ともうひとりが飛ぶ（失踪する）作戦を立てた。元夫と愛人の会社が仕事上のトラブルに苦慮したタイミングを見計らって、元夫の会社からふたりを脱走させて、用意した北陸の現場に大伸ワークサポートのスタッフとして長期出張させたのだ。そこで給料をもらいながら働き、元夫が逮捕されるのを待って廣瀬のもとへ帰ってくればいい。

「私、怒ってましたからね。ふたりが同時に飛ぶと一緒にいるのがバレちゃうから、時期を少しずらして、うちのスタッフとして行ってもらいました。元夫から『知らないか』と連絡がきたけど『知らないよー』って悪魔の返事。あ、もちろん本人たちに希望を聞き、もう嫌だというからやったんですよ。元夫にも後々、言いました。あのときは私が絵を描《か》いたの、ごめんねって」

やられたらやり返すのだ。この人だけは敵にまわしたくないと思いながら聞いていると、続きがあるという。

「元夫がいなくなって、あの女にどこまでできるのかを私は見たかった。私は彼氏がいなくなっても会社をやってみせる。あんたにその覚悟はあるの？ ついてくる社員はいるの？ って」

新興レディースの総長にタイマン勝負を申し込むような話である。

「引っこ抜き合いのケンカですからね。人生懸けてやってない相手に負けるわけがない。案の定、元夫が捕まると従業員がどんどん離れて、その会社は終わりました」

勝負がついた。引き抜かれたメンバーのうち、戻ってきたのは鎌倉など四名。人数は少し減ったが、力のある面々が復帰したことで傾きかけた会社は持ち直し、より結束を強めた状態で安定成長期に入っていく。

第4章 私は決して見捨てない

1 出所者を迎えに

刑務所の朝

コロナ禍のさなかの二〇二〇年七月某日、始発電車に乗ってきたカンゴローを午前六時に都内でピックアップし、眠い目をこすりながら東北道を北へ向かった。廣瀬が指定した待ち合わせ場所は栃木県大田原《おおたわら》市の黒羽《くろばね》刑務所。一九七一年に開設され、二〇二一年三月末に閉庁するまで、おもに禁錮《きんこ》（受刑者を刑事施設に拘置する刑。懲役と違って刑務作業が義務づけられていない）受刑者や初犯で暴力団関係者ではない短期受刑者を収容してきた男子刑務所である。

このときはまだ廣瀬への正式なインタビューも始まっていない。それなのに、なぜ刑務所なのか。その日、出所する人を廣瀬が雇い主として迎えに行く場面に立ち会うためだ。

「私が普段、どんなふうに動いているかを見てもらうのが早くないですか。つぎに雇い入れる出所者が黒羽にいるんだけど、きてみます？」

どこから取材を始めればいいか考え込んでいた僕とカンゴローに、廣瀬は言った。たしかに、いくら説明されてもその場の空気感まではわからない。でも、部外者がくっついていっても構わないのだろうか。

「建物内は私だけですが駐車場には入れます。写真は、敷地内での撮影が禁止されているので外からになりますね。朝イチで出てくるので早起きになるけど、今後のためにもきてほしい」

遅刻は許されないと早めに出たので、約束した九時より三〇分以上も前に到着した。正門前の空き地に車を停め、自販機で買った缶コーヒーで渇いた喉を潤す。

「刑務所をまじまじ見るのは初めてだよ」

建物を眺めていたカンゴローがつぶやいた。刑務所というと高い塀に囲まれているイメージだが、ここは手前の駐車場や建物が丸見えだ。建物の奥は厳重に囲われている。作業場や運動場などもあるのだろうか。

廣瀬から、間もなく到着すると連絡が入る。ひとりでくるようだ。そういえば、採用に関することは自分の担当なので、仕事が忙しくて社員に頼めないときは自らハンドルを握ると言っていた。

「オレはすでに、きて良かったと思っているよ。出所者の受け入れと簡単に言うけど、働きたい人と雇い主が、ここで顔を合わせるわけだもんね」

事前に面接すると言っていたけど、それだけではわからないこともある。相手にとってもそれは同じ。就職先の概略しか知らないまま、ヨーイドンで働くことになるのだ。そう考えると、より緊張しているのは雇われるほうか。でも、雇う側にとっても、ちゃんと働いてもらえるかどうか未知数なところはある。

「それこそが一般企業で出所者の受け入れが少ない理由、とは思わないけどね。まずは偏見。それに加えて、犯罪者を雇って問題が起きるリスクを負いたくない」とカンゴロー。

その真逆にいるのが廣瀬である。リスク上等の心意気がないと、朝っぱらから高速をかっ飛ばす気にはなれないだろう。

「出迎えを見にこないかと誘われたとき、義務でもないのに迎えに行くのは、少しでも早く警戒心を

多いときは月に数回、自分で運転して出所者を迎えに行く。

解いてもらいたいのと失踪を防ぐためだと言っていたよね。出所して雇用先に行く途中で気が変わる者、不安感から逃げ出す者もいると。両面を考えて迎えに行くところが経営者らしくていい」

しかも、距離は関係ないのだ。青森の刑務所まで行き、何時間も喋りながら帰ってくることもあるというから、やることが徹底している。

「それだけでも、あの人が損得勘定ではできないことをやっているのがわかる。お、きたんじゃないか。あの車がそうだろう」

黒いボディの社用車が駐車場に滑り込むのを確認してあとを追った。どうしてこんなにと思うほど広々とした駐車場に、先客はまだいない。

「手続きがあるので済ませてきます。ここで待機していてください」

我々に声をかけ、廣瀬が建物に入っていく。いつもと同じカジュアルな装いで、厚底のサンダルに元ヤンキーの名残を感じる。入り口には刑務官が立っているが物々しくはない。緊張気味なのは車内で固まっているオヤジたちだけだ。

しばらくすると廣瀬が出てきて、コロナ禍のため建物内での対面はなくなり、外で待つことになったと告げた。今朝の出所者は三名いるそうだが、駐車場にいる車は我々のほかに一台だけ。シャバに出てくるのを待ってくれる人のいない受刑者もいる。それはそうか。

やがて、係官に付き添われた小林さん（仮名）が現れると、すぐさま廣瀬は手招きし、笑いかけるでもなく威厳を保つでもない自然な顔でことばを交わしている。我々は撮影のため先に門を出て社用車を待つ。と、カンゴローのカメラの前を通り過ぎたところで停車した。

「せっかくだから、カンゴローさんはこっちに乗ったらどうですか。出所直後にどんな表情をするか見たいでしょ。小林さんは、顔を写さなければＯＫだそうです」

ファミレスで出所祝い

「ファミレスで朝食を食べることにしました」

五分後、カンゴローから電話が入った。小林さんと僕が話ができるようにと、廣瀬がさりげなく気を使ってくれたのだ。

僕が訊いてみたいのは、いま、この瞬間の気持ちだった。ありふれた質問になるが、「刑務所暮らしはつらかったですか」にしよう。もちろん、「つらかった、シャバの空気はうまい」といった答えを想定してのことだったが、答えは意外なものだった。

「悪くありませんでした。黒羽はもう少しいてもいいかなと思うほど食事がおいしいですね。ここにくるまえに収監されていた新潟の刑務所は食事が良くないし、寒かったんです」

小林さんの犯した罪は詐欺だったようで、以前勤めていた工場で何かやらかしたらしい。根掘り葉掘り訊くのもヤボなので、大伸を希望した動機に質問を切り替えた。

「親に会いたくないので、地元から離れているのが良かったです。金がないから、今日から寝場所があるのもありがたい。早く稼ぎたいです」

小林さん、正直だ。逆に不安な点はどこだろう。

「仕事はきつそうだけど、なんとかなると思います。それより、社長さんしか会っていないので、どんな人がいるのかと」

いわゆる人間関係ってやつですね。社員とうまくやれるかどうか。

「というか、僕はその、荒っぽいのが苦手で。建設会社も初めてなもので」

やや面倒そうにモーニングセットの卵を食べ、小林さんは淡々と語るのだった。

「知らない土地の知らない会社だもん、それが当然。うちには荒っぽいのもおとなしいのもいる。問題を起こすのもまじめなのもいる。すぐやめるのも長続きするのもいる。なじめるかどうかは小林さん次第だね」

じっと聞いていた廣瀬がやっと口を開く。そんなことは働いてみればわかると言いたげだ。

「それより今日は忙しいよ。役所に行くし、保護司さんにも会わないといけない。それやってから、正式にうちの従業員になる。仕事はすぐにしたい？　それとも二、三日様子を見てからにする？」

「なるべく早く働き始めたいです」

「そっか、わかった。じゃあ負担が大きくならないように、簡単な仕事のある現場を探そう」

「お願いします。部屋は個室ですか、相部屋ですか」

「個室がいいよね。でも最初は相部屋からなの」

ヘタに励ますことはせず、事務的な話をてきぱきと進めていく。こうした状況に慣れていることがわかる。これまで何人も出所者を受け入れてきて、小林さんみたいな人にも会ってきたのだろう。

「出所祝いにごちそうするからデザート食べなよ。甘いものが恋しいでしょう」

「いえ、自分は甘いものはあまり。コーヒーのお代わりだけにします」

社長の勧めを断り、ドリンクバーに向かう小林さん。廣瀬はどういう印象を受けただろう。

「神経質そうではあるよね。うちの社風と合うかどうかはわからないけど、働く意欲があるからいいと思います。続くかどうかは私にもわからない。ここでしっかり稼いで自立してもらいたいけどね」

ファミレスの駐車場で、宇都宮へ向かうふたりと別れた。事務手続きをしたら、廣瀬は小林さんを会社に連れ帰り、さっそく夕食をふるまうのだろう。

僕がさすがだと思ったのは、朝の待ち合わせからファミレスまで、廣瀬がピリピリしたそぶりを見せなかったことである。自然体。肩の力が抜けている。

「決めつけない感じがしたね。会社へ連れていくのが今日の目的。とにかくいったん受け入れて、そのあとは本人次第。どうしてそういうふうにするかといえば……」

失敗してきた経験があるからだろう。履歴書や面会で彼女なりの合格点が出たから雇うわけだが、見込みと違うことも珍しくないと言っていた。出所者の受け入れに成功率一〇〇%はありえない。

「それでもやるところが偉いと思う。オレは今日、誰にでもできることじゃないなと痛感したよ。ほとんどの人は無理だよ。どんな経験、どんなメンタルが廣瀬さんをそうさせているのか、ますます興味が出てきた」と神妙な顔でカンゴローが言った。

庭にプレハブがある理由

小林さんが住むことになる住居は、廣瀬の自宅敷地に建てられたプレハブだ。ひとり部屋から四人部屋まで六棟あり、おもに出所後間もない人が入っている。シャワー室、流し台、洗濯室もあり、各

このプレハブが再出発の拠点になる。

棟にはエアコンやテレビ、ベッドなど、必要最低限の設備も備えつけだ。

前章で家を買ったことは書いたが、それは中古住宅を無理をして購入したのである。自分の家を持つのは廣瀬の子どもの頃からの目標で、会社にして間もない時期は、信用不足で銀行に資金を借りることもできなかったので、現金をかき集めて手に入れた。そこから金を貯めてはコツコツと手を入れ続け、隣接の土地が売りに出たので、社員の駐車場にすべく買っておいた。そこに寝泊まりするところがない応募者対策でプレハブ部屋を作ることになった。そしてそのプレハブが、出所者の受け入れをする段になってさらに生きたのだ。この庭にはバーベキューのできるエリアも作られ、気晴らしができるような配慮もされている。

出所者には満期まで務めあげた人もいれば、仮出所で保護観察など条件つきの人もいる。小林さんは後者で、一定期間、観察下に置かれる身。その場合、雇用主も責任の一端を負い、目の届くところに住まわせなければならない。たまたま広い敷地を確保していたので、廣瀬はその場所を自宅の敷地に置くことができた。

「家を買ったのは離婚前だったけど、リフォームしたり、たくさんの社員を住まわせたり、寮にするアパートを借り上げたりは別れてからのこと。社員は家族のようでいて最終的には他人。いつかは離れていくものだろうけど、その日がくるまでは一緒に歩いていける間柄でもある。だったら、お互いにその期間を気持ち良く過ごせるようにしたい。そのために、自宅の一部を社員と共有し、プレハブを増やして受け入れ態勢を強化し、寮を整備して、大伸のやり方はこうなんだって打ち出したのは私だという自負はあります。本当に、離婚してからが私のがんばりどころだった。娘と社員をエネルギー源にしてさ」

プレハブ部屋の室内を見せてもらうと、灰皿に吸い殻があふれ、ドリンクの空き缶が並んでいるなど男所帯のむさくるしさでいっぱいだ。きれい好きの廣瀬には耐えがたく、清掃員を雇って掃除してもらっているという。

庭のプレハブで保護観察期間を過ごし、希望があれば寮に移ってもらうのが大伸のシステムだ。自前の建物を作る体力がないうちは、アパートを借り上げて社員を住まわせてきた。つぎのステップは物件を所有して寮にすることで、すでに一部はそうなっている。ゆくゆくはすべてを所有物件でまかなう計画だ。当初からアパートを借り上げる方式にしてきたのは、家賃の一部を会社が負担する福利厚生の一環でもあるけれど、犯罪歴のある借り手を嫌がるアパート経営者が多いからである。会社の利益をつぎ込んででも自前の寮を持ち、社員が気兼ねなく暮らせるようにするのは、廣瀬の念願でもある。

大企業ならいざ知らず、大伸の規模の会社がそれをやると経費もかさむことになるが、その割に社員の受けは良くない。

もっと広い部屋に住みたい。便利な場所で暮らしたい。会社は儲かっているのだから、家賃の自己負担を減らしてほしい。賃金の踏み倒しや仕事受注の減少といったケースに備える運転資金の確保も欠かせないのだが、なかなかわかってもらえないのが実情。みんな現金が欲しいから、そうなるのは仕方のないことだ。おかげで廣瀬は社員から「社長はケチだ」と年中、文句を言われている。

でも、陰口ではなく面と向かってそう言うのは、社員なりの〝社長イジリ〟なのだろうと思う。廣瀬が彼女にしかできないことを実現しようとしているのを、それが自分の懐を豊かにするための行為ではないのを、そばで見ている社員はわかっていると僕は思う。

なぜなら、いまや大伸の社員の過半数は、廣瀬が少年院や刑務所で面接し、刑期の明ける日、車を飛ばして出迎えに行った出所者たちだからだ。

2 『Chance!!』到来

協力雇用主になりたい

経営と子育てに専念できたこともあり、離婚に伴う分裂騒動後の業績は順調に伸びていった。ヤンチャな社員が多い大伸だから、ケンカや従業員の失踪、犯罪行為までトラブルのタネは尽きず、従業員の入れ替わりも激しい。それでも全体としては、鎌倉や原田を筆頭に経験を積んだリーダーが育ち、大きな仕事も受注できるようになってきたのだ。

子育てについては、中途半端にひとりで育てるのではなく、社員たちの協力を仰ぐことにした。以前は娘とふたりきりで過ごす時間が多かったが、離婚後は、幼稚園の卒園式や小学校の入学式に父親代わりに社員がついていくなど、食事をはじめ日常生活をともにすることで家族に近い関係を築いてきたのだ。おかげで廣瀬は、娘の母親であるとともに社員たちの〝母ちゃん〟としてふるまいやすくなった。

みんなで育ててきたのはなぜか。自分が味わった孤独を娘に体験させたくないからだという。あるとき廣瀬は父親代わりになってくれる人が、やめたり、結婚して自分の子ができたり、ころころ変わる複雑な環境を娘はどう感じているだろう？　母親（廣瀬）の彼氏でもない人たちが運動会に応援に来たりするのだから、よそとうちは違うなぁと思っているに違いないと思った。そこで当時小学校低学年だった娘に単刀直入に尋ねてみた。

「あのさ、前みたいにふたりでいるのと、いろいろあってもみんなでいるのと、どっちがいい？」

すると、娘は間髪いれず答えたそうだ。

「いまのほうがいいに決まってるじゃん」

なかば必要に迫られて行ってきた社員参加の子育てには、娘がみんなのアイドルになり、夕食時の雰囲気を和《なご》ませたり、社員の和を高めたりしてくれるほかにもメリットがあった。廣瀬自身に降りかかる「悪いことへの誘惑」に対する抑止効果である。

「事情を知らない昔の知り合いから電話がかかってきて『ちょっと遊ぼうよ。クスリ、まだいじってんでしょ？』みたいなことはいっぱいあるから。快楽をともにするじゃないけど、クスリやる男ってクスリやる女がいいんですよ。で、あるって言えばホイホイついてくるんじゃないかと期待する人もいるのね。私も弱いからさ、従業員のトラブルを抱えていたり、会社がうまくいかずにイライラしていたら、つい流されかねないけれど、そんなときにも娘は最強のブレーキ役になってくれています」


事業を軌道に乗せた経営者は、安定とさらなる発展の両立を目指すものである。廣瀬もその点は同じだが、一方で創業以来の悩みもあった。従業員の確保問題だ。この業界は身体ひとつで飛びこめるハードルの低さが特徴だが、肉体的なハードさなどからやめていく人間も多く、常に補充が必要になる。だが、補充についてはもっぱら知人に頼っていて、ルートが限られていた。頭数をそろえるのに汲々《きゅうきゅう》としているようでは人材を育成する余裕も生まれない。

そこで廣瀬が力を入れ始めたのが、服役を終えた出所者の雇い入れだ。自身が出所後の就労で苦労した経験があったため、創業間もない頃から、他の企業が二の足を踏みがちな前科持ちを雇うことに前向きだった。ハローワークなど一般的なルートでの募集がうまくいかないことによる、苦肉の策。ただ、知人のつてで入ってくる人は、自分の意思でくるわけではないので、すぐにやめたり、再犯に走ったりすることも多かった。

意識が変わり始めたのは、原田に「おまえの母ちゃんになってやる」と宣言したあたりからだという。もしかすると自分に向いた役割はこれじゃないか。建設業に出合い、会社を作ったのは、いろんな事情で人生の表舞台から退場させられた人を「まだまだ大丈夫だ」と受け入れるためなのではないか、と考えるようになってきた。

「その通りではあるんだけど、私はそんなにいい人じゃなくって。基本は会社が儲けるために従業員の数を増やしたいという欲だよね。でも、思ったのよ。会社ってそれだけでいいのかなって。で、いい方法がないかと調べてみたら、協力雇用主という仕組みがあるじゃないですか。『私が探していたのはこれだ!』ってなりました」

協力雇用主とは、前科や前歴があるために就労が困難な刑務所などの出所者を雇い入れ、立ち直りをサポートする事業者。令和二年版『矯正統計年報』によると、再入所者の再犯時の仕事の有無は有職者が二七・二%、無職者が七二・八%。出所しても仕事がないことが再犯につながりやすいことははっきりしており、出所者の雇用を増やすことは喫緊《きっきん》の課題だ。

そのため、協力雇用主に登録した企業は、以下のように国からの経済的支援が受けられる(厚生労働省のサイトより)。

一 試行雇用助成金(厚生労働省委託事業)

刑務所出所者等を試行的に雇用した場合、最長三か月間、月額最大四万円を支給

二　刑務所出所者等就労奨励金（法務省）
刑務所出所者等を雇用した協力雇用主に最長一年間の奨励金。支給額は八万円×一～六カ月目、一二万円×二回（九、一二カ月目）。保護観察対象者等の場合は二万円×一～三カ月目、四万円×四～六カ月目、一二万円×二回（九、一二カ月目）

三　身元保証（法務省）
身元保証人を確保できない刑務所出所者等を雇用した日から最長一年間、刑務所出所者等により被った損害のうち、一定の条件を満たすものについて、損害ごとの上限額の範囲内で見舞い金（最大二〇〇万円）を支給

正規のルートで出所者を雇い入れることができ、国から支援まで受けられるなんて、まさに廣瀬のためにあるような仕組みではないか。

が、登録すれば自動的に人が来るわけではない。協力雇用主になった当初、廣瀬は地元の就労支援担当者にこう言われた。

「オレは悪いけど、廣瀬さんのこと、半分しか信用してないかんな。過去がひどすぎるよ。どこにいっても、あんたのことは悪い話しか聞かないんだよ」

また新しい試練だ。廣瀬は裏で暴力団とつながっている、あいつは女ヤクザだという風評。何かしようとすると必ず過去を云々《うんぬん》されて〝とおせんぼう〟され、起業してからやってきたことは評価されない。あまりの悔しさに感情的になり、泣いて抗議したが相手にされなかった。結果はやはり、待てど暮らせど応募者ゼロ。

それでも廣瀬はあきらめず、誰かの知り合いが刑務所にいると聞けば手紙を書き、そこを出たら働

かないかと呼びかけたりしていた。

「だって私は本当にそういう人が欲しいと思ってる。私は自分が出所者だし、そういう友だちや知人がたくさんいるじゃない。いい会社だという評価を得たいがために形だけ登録している会社とは違うんだよ」

協力雇用主には数万社が登録しているものの、実際に受け入れ実績のある会社は一割に満たないのが現状だ。

「今度こそちゃんとやろうと意気込んで出所しても、社会全体がそういう人をはじく傾向があるじゃないですか。私もそれで挫折してきました。だからこそ受け入れたい。うちの従業員は過去のある人ばかりだから大丈夫だよ、隠し事なしのオープンでいいんだよ。そういう環境で、毎日おいしいご飯が出てくるとなったら、きっと違うんじゃないかなと思う。それに、私自身にもそういう人に囲まれていることで自分らしくいられる実感があった」

冷たくあしらわれても、協力雇用主としての活動が自分と会社の将来を照らす光になるという確信は揺らがなかった。

受け入れ開始

怒ったり笑ったり、くるくる表情を変えつつ喋る廣瀬を前に、僕とカンゴローは感慨深い気分になっていた。この人はついに、困っている人を助けることが自分を助けることにもなる、という境地に達したのだ。

「考え方の問題かもしれないけど、自分にフィットすることをしようとするとき、何かが逆転して、過去が生かされる感じがします。私は昔ヤンチャをしていた。捕まって刑務所に入った。獄中出産で我が子と数分しか一緒にいられなかった。みんな事実で、取り返しがつかない。曲がりなりにもそこから立ち上がっても、あんたは信用できないと言われる。だけど、過去が全部無駄で無意味かといえば、そんなことはないと思う。協力雇用主になったら、いいも悪いも含めた経験を生かして、私にしかできない更生のお手伝いができるんじゃないかと思ったの。こっちは真剣なんだよ。くそー、なんとかならねえかなと悶々としてました」

いい意味であきらめの悪い廣瀬に耳寄りな話が舞い込んだのは二〇一八年の春。地元の暴走族からヤクザになり覚せい剤で逮捕され、現在は薬物依存者のサポートに人生を捧げている先輩の遊佐学《ゆさまなぶ》から、刑務所や少年院などにいる受刑者のための就職雑誌を作った人がいると聞かされたのだ。

「学とは売人時代に、どっちがいいブツを扱っているとか競ったりしてたんですが、いまでは『オレはまじめに生きてるから』『私も更生保護とかやってるんだよ』みたいな関係になっています。彼の紹介なら間違いないとお会いしたのが『Chance!!』を創刊したばかりの、私の人生を決定的に変えてくれた三宅晶子《みやけあきこ》さんだったんです」

廣瀬には出所後、建設業との出合いや会社の分裂騒動など何度かの節目があるが、最重要人物は誰かと問われたら、この人以外にはいないという。『Chance!!』創刊号を見た廣瀬は衝撃を受け、初対面で意気投合。すぐに募集広告掲載を申し出た。

募集方法に飢えていたとはいえ、金を払って広告を出すのは冒険だ。創刊されたばかりで海のものとも山のものともつかない『Chance!!』には〝「絶対にやり直す」という覚悟のある人と、それを応援する企業のための求人誌〟というキャッチフレーズがついていた。いまでこそ季刊誌として号を重ね、募集企業も増えて知名度も上がってきた同誌だが、創刊号は薄く、情報量も少なかった。少年院や刑務所にいて出所後の仕事を探したい受刑者に向けて、協力雇用主が人材募集広告を出す無料の雑

『Chance!!』の反応は絶大。全国の受刑者から応募がくる。（『Chance!!』Vol.2 2018年夏号に掲載された最初の広告）

誌で、発行部数はわずか一五〇部。一般の目には触れないマイナー雑誌のどこに、廣瀬は可能性を感じたのだろう。

「発想もいいと思ったけど、三宅さん自身かな。商売人の匂いがしなかった。かといって、自己犠牲の精神で作っているわけではなく、ビジネスとして考えている。ニーズがあるのに、出所者が仕事を探せる媒体がない。だったら私が作ってみようと思うのは簡単でも、実際にやるのがいかに大変かは想像できました。でも、やったでしょ。この女はガッツがある、大したもんだと思って」

大伸ワークサポートの募集広告が掲載された第二号が発刊されると、ポツポツと反響が届き始めた。僕はこの雑誌を実質的にひとりで作っている三宅に会ったとき、当時の印象を尋ねてみた。

「わずか二ページの募集広告なのに、大伸ワークサポートの魅力が伝わってくる内容で、応募者たちへの熱意を感じました。たとえば写真にしても、現場で働いているところと併せて社員旅行やバーベキューなど楽しそうな場面が載せられている。その後わかってくるのですが、出所後の職を探そうとする受刑者たちは、給与や仕事内容だけではなく、職場の雰囲気を気にしているんです。とくに家庭的な温かさに飢えていますから効果絶大だったと思います。もうひとつは廣瀬さんからのメッセージですよね。あれは素晴らしかった」

そこには、社長自身が元暴走族総長で逮捕歴、刑務所の入所歴があることが記され、文末は出所後の生活に不安を抱く受刑者たちが「ほぉ」と感嘆の息を漏らしてしまいそうな一節で締めくくられていた。

〈私は決して見捨てたり見放したりしません！　私自身もやり直すことができたのだから、人は誰かの支えで必ずやり直すことができるのです。その支えになることができたら、こんなに嬉しいことはありません〉

つたないなりに雇用主としての覚悟と気合を伝えたかったと廣瀬は照れるが、僕が受刑者としてこの文章に触れたら信じてみたいと思うだろう。

「三宅さんからもいいと言われて、その後もずっと使っているんですが、受刑者から届く手紙にも『この文章で社長の人柄がわかりました』とか『ここに行こうと思いました』と書かれていることが多いですね」

見下されても警戒されても、へこたれずにやってきた。大きな家族みたいな小さな会社を作り、男たちの胃袋をがっちりつかんで、みんなの母ちゃんになろうとしてきた。敷地にプレハブを建て、新しい仲間を受け入れる準備をしてきた。

足りないのは、「私があなたを待っている」と呼びかけるツールだけだった。過去は変えることができないけれど、未来は変えられる。その手伝いをしたいと伝える手段がなかった。

そんなとき、困っている廣瀬に手を差し伸べるように『Chance!!』が創刊された。これは運命だ。

チャンス到来だ。

ほしくてたまらなかったのに、手に入れることが叶わなかった最後のピースが、カチッと音を立てて埋まり、パズルが完成した。

「たくさんの反響をいただいて、軸足が定まったというのかな。私は見捨てませんと宣言したんだから、あとはやるだけでした。三宅さんには感謝しかありません。奇跡が起きたんだと思う。彼女に会わなかったら、いまの私には絶対なれてない」

絶妙のタイミングで出会ったふたりの友情は雑誌編集長とクライアントの垣根を超えて深まっていった。僕が「親友ですね」と言ったら「そうじゃなくて戦友」と訂正されるくらいに。

『Chance!!』の評判は協力雇用主と受刑者に口コミで広がり、最新号が出るたびに厚みを増しながら継続。編集未経験でおぼつかなかった技術も向上し、エンタメ要素まで備えた雑誌になった。媒体としてのユニークさもさることながら、公的機関がなしえなかった方法で受刑者の社会復帰を支援する三宅自身も注目の存在となっている。

「私ね、どうしたらいいかわからなくなると相談するんですよ。夜中に電話して泣きながら愚痴ったり、迷惑かけてばかりなの。でも、彼女は私が喋り疲れるまで、納得するまで、電話を切らずに何時間でも聞いてくれる」

廣瀬は、よほどのことがないかぎりは社員の前で涙を見せないようにしている。でも、タフな社長にも泣きたい夜はある。弱い部分をさらけ出し、救いを求めたいときがある。

「たとえばね……、私は社員に期待しすぎて、一緒にずっと会社を盛り上げていけるんじゃないかと錯覚を起こしがちだった。それで急にやめたり、裏切られたりすると、心が病んでしまう。そういう話をしたときに、なぐさめてくれるだけでも嬉しいですよね。でも、三宅さんは『がんばって』なんて言わないのよ。それは違う、やられたらやり返すんじゃなくて、いずれはくる別れをどう迎えるかが問題だよと言うのよ。『別れるとき、どんなに理不尽なことをされても、笑顔で見送ることを私は徹底している。それがカッコいい女だ』と。実際、見てると実践しているからね。そういうひと言が胸に響くことが多くて真似させてもらってます」

包丁振りまわしたら、私は刃を握る

『Chance!!』の応募者には、廣瀬が自ら面会に出向き、問題がないと思えれば出所後の雇用について仮契約を結ぶ。出所のタイミングは受刑者ごとに違うので、いつからでも受け入れられるのが、建設業などかぎられた業種に協力雇用主が集中する理由だ。

しかし当初は、出所者雇い入れ実績がない大伸には、保護観察所などから待ったがかかった。ちゃんと面倒を見られるのか、身元引受人として適切なのか。会社の状況をチェックするためにきた保護観察官にダメ出しをされ、採用不可にされてしまったのである。

保護観察所は、犯罪をした人や非行のある少年が社会の中で更生するように、指導（指導監督）と支援（補導援護）を行う機関。地方裁判所の管轄区域ごとに置かれ、全国に五〇カ所（各都府県一カ所・北海道は四カ所）ある。保護観察官は全国に約一〇〇〇人いるが、それだけでは間に合わないので、民間ボランティアである全国約四万八〇〇〇人の保護司と協働して、少年院仮出所者と成人の仮釈放者の立ち直りを助けるのだ。雇い入れる企業が、仮出所者や仮釈放者にふさわしいところかどうかを見極めることも彼らの役割のひとつである。

採用不可にされたときは、どういうことかと尋ねても教えてもらえずいら立ったが、いまとなっては実績のない会社に慎重な対応をするのはいいことだと考え方が変わった。甘い考えで協力雇用主となり、すぐ解雇してしまうなど責任を放棄する企業が後を絶たないからである。

ようやく受け入れることを許されたのは、乳児院と養護施設で育つ間に数多くの問題を起こし、出所しても、どこの更生保護施設からも受け入れ拒否され、行く当てのない高野（仮名）という十代の男性。応募を受けて受け入れの意思を示すと、保護観察所の係員は廣瀬が女だからか、やや見下した態度で皮肉を言った。

「廣瀬さん、あの子は今回、包丁を振りまわして捕まっているんだけど、そういうことをしたらあなたはどうしますか」

係員は、目の前にいるのがどんな女かわかっていなかったのだ。

「包丁ですか、私、そんなの（刃を）握っちゃいますよ。ケガしてもいいんで、振りまわすと危ないんだとわからせないと。私が握って血が出れば『ね、痛そうでしょ』と言えるじゃないですか」

「え？　じゃあ大丈夫……なんですね」

これで係員を突破し、二度の面接を経て雇い入れにこぎつけた。面接でも、高野に告げたそうだ。

「あんたがもし包丁振りまわしたら、私は握るからね。私はその包丁を握って、人を傷つけたら痛いこと、手から血が出ることを証明する。私はあんたのことを自分の子どもみたいに思って受け入れるつもりだ。警察呼ぶとかじゃなくて、こういうことをしてはいけないというのを教えていきたいんだ」

高野からは、そんなことを言う人には会ったことがないと驚かれたらしい。廣瀬の強みはマニュアルには載っていない自分のことばを相手にぶつけられることだと僕は思う。その方法は、目ヂカラに物を言わせ心と心をぶつけ合う正攻法。何かのはずみで自分が包丁を手にしたら本当に握る人だ、と感じたから高野は信用したのだ。

入社した高野は周囲の心配をよそに、包丁を振りまわすことなくまじめに働き始めた。高野の抱えている闇が孤独であることをいち早く見極めた廣瀬が、社員たちになじませることに力を注いだことが功を奏したのだ。すると、高野の行いが品行方正とまではいかなかったが許容範囲に収まっていたことで、保護観察所の廣瀬を見る目が変わってくる。

「保護観察所の地区担当者から信用されたことが大きかった。〝あの高野を立ち直らせた社長〟ってことになってスムーズに受け入れができるようになりました」

『Chance!!』が発行されるたびに応募者がたくさん現れ、二年もすると毎月のように出所者を迎えに行くようになってきた。長続きしない人もいるけれど、大伸は地元を代表する協力雇用主になっていく。実績ができてくると、あれほど冷たくされたハローワークまで「なんとかそちらで引き受けてもらえないか」とていねいに頼んでくるようになった。

「ほかでは受け入れてもらえそうにない人も、大伸なら雇ってくれるだろう、みたいになっていきました。ダメな子はどこへ行ってもダメなんで、過大評価されても困るんだけどね」

そう言いつつも、頼まれると断れない姉御肌。二〇二〇年代に入ると、採用内定者の出所ラッシュも起きてきて、号によっては『Chance!!』への広告掲載を見合わせなければならないほどの人気企業になっている。

「いまでは（採用の）一般募集はしなくなり、社員の出所者率が高いことが会社の特色になっちゃいましたね。そうそう、うちの社員旅行っておもしろくて、必ずホテルを借り切りにするんです。なぜかわかります？」

酔っぱらってケンカが起きるからだろうか。

「そんなの、うちでは日常です。そうじゃなくて入れ墨やタトゥーが入った従業員がたくさんいるから、宿ごと借り切らないと温泉に入れないの」

三宅晶子氏インタビュー

3 廣瀬さんは泣きながら電話をかけてきます

二対六対二の法則

——再犯率を下げるためには、刑務所を出た人が働く先があるかどうかが重要だと言われていますが、出所者を受け入れる会社は少なく偏見も根強い。三宅さんはそういう現状を変えたいと、使命感に燃えて『Chance!!』を作ったんですか？

三宅　よくそんなふうに言われます。「社会の問題に一石を投じている」とか「弱者のサポートをしている」という美しい言葉で賛美されることがあるけど、ピンとこなくて。私はただ、受刑者支援のボランティアや少年院からの身元引き受けを通じて受刑者などの生き直しの背中を押したいと思うようになっただけ。何の宗教にも入ってないですけど、神様が「ヒマそうだし、とりあえずおまえやっとけ」って言ったんじゃないかと思っています（笑）。

——元編集者でも、スポンサーがついたわけでもない。誰かがやってくれるならそのほうが良かった？

三宅　そうですね。文章を書いたり編集したり、期限に追われたりするのが苦手で、毎号作るたびにストレスで過食するんですよ。健康に悪いから、早く手放したいです（笑）。

――人材を求める企業が広告を出して無料配布される求人誌はありますが、『Chance!!』が特殊なのは、読者が少年院や刑務所などにいる収容者なので、書店で扱ったり駅の構内に置く配布方法に意味がない点です。

三宅　二号目を作っているときは、うつ病になりそうでした。求人広告を出してくれる企業を探すのも簡単じゃないけど、そっちのほうはやり方の想像がつくじゃないですか。ところが、雑誌を受刑者に届けて求人情報を知ってもらうのが意外に難しい。全国の刑務所などに送っても反応が鈍いどころか、刑務所の職員から「御社の思い通りにはさせません」と敵視されたりして、それこそ壁の厚さを感じました。

――読者が少ないと広告効果が得られないと思われ、広告主の獲得に苦労するので、想定していたビジネスモデルが崩れてしまう。それ以前に、せっかく作った雑誌が必要とするであろう人たちの目に触れなければ何の意味もない。貧困ビジネスのようなものだと思われていたのかもしれませんね。民間企業が作っている媒体で、ヒューマン・コメディという会社も聞いたことがない。怪しい、と。

三宅　おそらくそうだと思います。ただ、（企業への）内定の実績が増えるにつれ、ちょっとずつですけど「たくさんの受刑者たちが見られるようにしたいからもっと部数を送ってほしい」と言ってくださる施設も増えてきた。それと私、求人誌を思いついたときから、なんとなくトンネルの光が見えた感があって、うまくいくという確信がどこかにありました。自分がやろうとしていることが社会が求めることで、そこに私利私欲がなければ、必ずうまくいくと思っているんです。そもそもこの求人誌を作ると決めたときから自分の収入とこの事業の収益は切り離すと決めて、私自身は納棺師として収入を得ています。この事業で儲けようという気がないんですね。赤字では困るし、自走できるだけの稼ぎは必要だけど、私利私欲ではうまくいかないといいまでも思っています。大事なのは自分が楽しいと思えるかどうか。また、おもしろいものを作れば必ず広まるとも思っていました。

――お金は目的ではない。じゃあ、なぜやるの、という話になりませんか？

三宅 理由は自分でもよくわかりませんが、やると決めたからですかね。

――決めたら、あれこれ考えずに突き進むタイプなんですか？

三宅 そうですね。細かいことは考えていません。

人間を含めて自然界で集団行動する生き物にある「二対六対二の法則」をご存じですか。ハチで説明すると、上位二割は優秀な働きバチなんですね。真ん中の六割が普通のハチ。で、下位二割はまったく働かないそうなんです。だけど、スズメバチの襲撃があると、上位二割は日ごろ体力を使っているせいでまったく太刀打ちできない。真ん中の六割もいまひとつ戦えない。そのときに、日ごろは何

三宅晶子
みやけあきこ／1971年新潟県生まれ。㈱ヒューマン・コメディ代表。『Chance!!』編集発行人。中学時代から非行を繰り返し、高校を1年で退学。地元でいったん就職したが進学を志し、早稲田大学第二文学部を卒業。貿易事務、中国・カナダ留学を経て大手通信系企業へ就職。人材育成の道を志して2014年に退社後、受刑者支援のボランティアなどで非行歴や犯罪歴のある人の社会復帰の困難さを知る。15年、（株）ヒューマン・コメディ設立。18年、日本初の受刑者等専用求人誌『Chance!!』創刊。

もせずに体力を温存している二割がスズメバチを迎え撃つんだそうです。

人間社会も、学校とか会社とかそんな割合になるらしいんです。小田原少年院の院長だった方から聞いた話なんですが、その少年院では問題行動を起こす少年がやはり二割いたそうです。それで、院全体を良くしようと考えて、その二割の子たちを別々の少年院に移管したそうなんです。そうしたら何が起きたか。それまで問題行動のなかった八割からつぎつぎに問題行動を起こす子が現れて、その割合が二割になった。どうやら、絶対のバランスらしいんですね。

事件を起こして刑務所などにいる人たちは、社会では下位二割に属する人が多いかもしれない。でも私は思うんです。彼らにはエネルギーがあるのだと。何かの拍子でその生かし方をわかったら、スズメバチを迎え撃つ普段は働かないハチのように、普通の六割を飛び超えて、上位二割に負けない働きができるんじゃないか。そのためのきっかけとして『Chance!!』が役立ったら、嬉しいです。

——まさにそれこそが下位二割の役割であり、『Chance!!』の意義であると。廣瀬さんもそうですね。オセロの黒と白がひっくり返るように、エネルギーの使い方をいいほうに変えて、逆転人生を歩んでいる。

この人なら乗りこなせる

——『Chance!!』が軌道に乗る前に、悩んでいた廣瀬さんと会った。編集長と広告主の関係とは別に、個人として廣瀬さんに魅力を感じましたか？

三宅　廣瀬さんのご自宅に伺ったんです。まだプレハブが一棟しかなくて、ここに寮を建てていこうと思ってるとおっしゃっていました。毎日みんなの食事を作る社長なんて聞いたことないし、懲役の経験があったり、レディースの元総長だったりした過去を自慢するでも隠すでもなく話すのを聞いて、おもしろいなと思いました。言い方は悪いけれど、この人なら彼ら（出所者）を乗りこなせる。ぜひ広告を出していただきたいと思いました。

――過去の悪い経歴が良いことに使えるんだと廣瀬さんも驚き、自分を生かせる役割を発見できたと思ったそうです。

三宅 彼らの気持ちを理解してあげられるだろうなと。そういうところはいまも同じ。人との接し方がオープンで裏表がなくて、初対面のときから変わらないですね。

――女性であることはハンデになりませんか？ なめられるとか。

三宅 女性だからこその良さがあると思います。男性だと年功序列の意識が強くて、社長が年下だとうまくいかないこともあるんですけど、女性はそういう垣根を超えちゃうと思うんですよね。日ごろから、みんなのお母ちゃんとしてふるまっているでしょう。出所者には母性を求める人が多いので、廣瀬さんはピッタリだなと思いましたね。明るいし、普通の人なら腹が立つような場面でも笑い飛ばす。誰かが問題を起こせば、本気で怒り、本気でぶつかり合う。そして、あきらめない。

――「私は決して見捨てません」という宣言通りのことをする。

三宅 協力雇用主といっても、雇用の根幹は商売。慈善事業ではないので、「会社が求めていることができなければやめてもらう」といった部分は当然あります。一般求人と同じです。でも、廣瀬さんは突き放さない。すぐやめてしまったり、行方不明になったり、寮の家財道具を持ち逃げしたり、社用車を乗り逃げするようなことは起きます。だけど、いなくなれば心配して探す。裏切った相手がもう一度働かせてくれと謝ってきたらチャンスを与える。損得で考えたらとてもやっていられないようなことをやっていると思う。

――『Chance!!』には直近に起こした事件の背景や、それ以前の犯罪歴、再犯の可能性について具体的に記す専用の履歴書がついています。あと、思いをつづった手紙なども、廣瀬さんに届くんですよね。そこから面接をして、内定、採用の流れになる。廣瀬さんは出所日に迎えに行くのですが、雇用主がそこまでやるのが普通ですか？

三宅　面倒見がいいほうだと思います。受刑者によっては、いかにもやる気のなさそうな人もいるし、そこまでしなくてもいいんじゃない、と思うことはあります。だけど彼女は本気で面倒を見ようとするんですよね。応募が多いので、履歴書の段階で選ばない人はいますけど、一回面接したら親身になって、裏切られても面倒を見る。

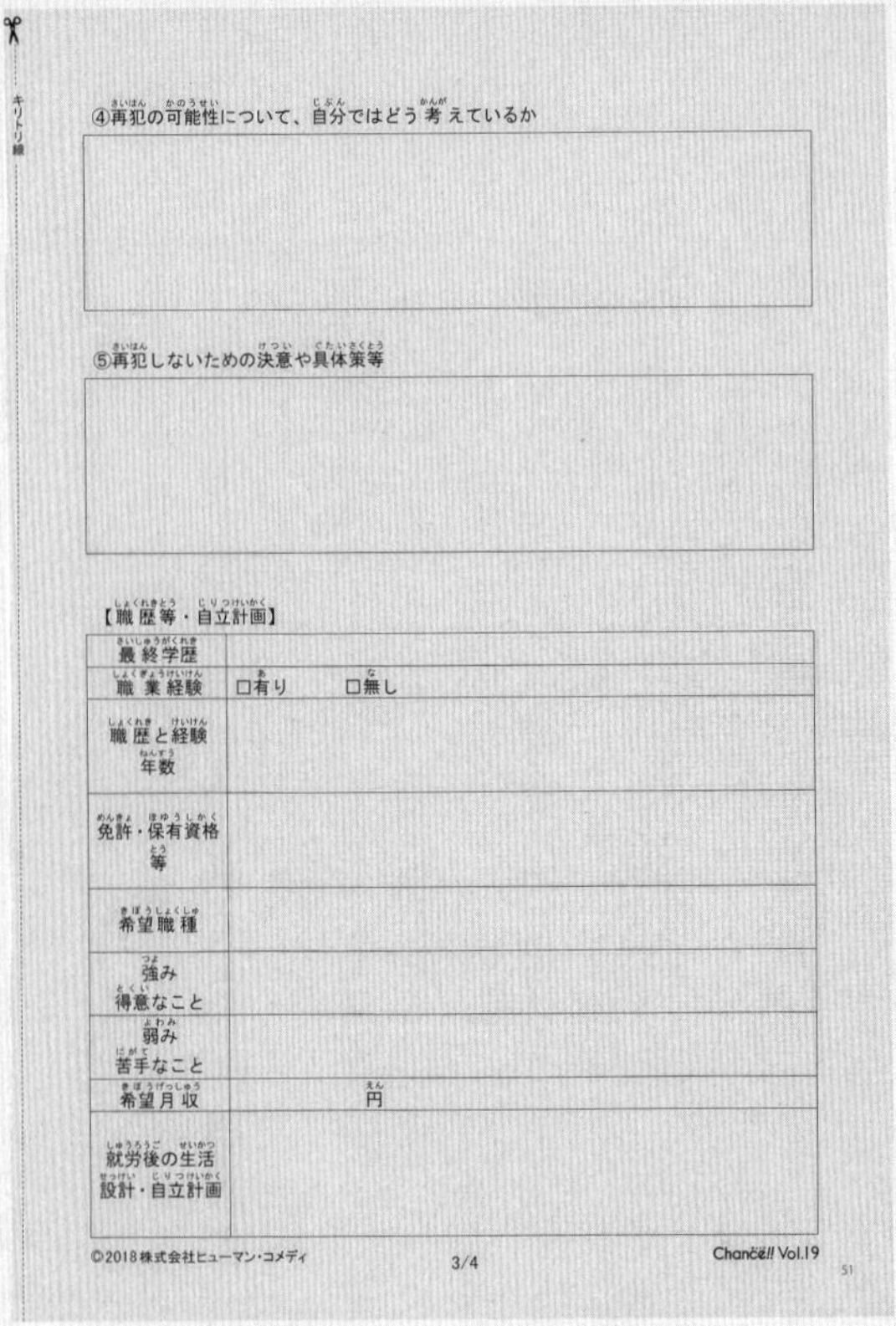
キリトリ線

④再犯《さいはん》の可能性《かのうせい》について、自分《じぶん》ではどう考《かんが》えているか

⑤再犯《さいはん》しないための決意《けつい》や具体策等《ぐたいさくとう》

【職歴等《しょくれきとう》・自立計画《じりつけいかく》】

最終学歴《さいしゅうがくれき》	
職業経験《しょくぎょうけいけん》	□有《あ》り　□無《な》し
職歴《しょくれき》と経験《けいけん》年数《ねんすう》	
免許《めんきょ》・保有資格《ほゆうしかく》等《とう》	
希望職種《きぼうしょくしゅ》	
強《つよ》み 得意《とくい》なこと	
弱《よわ》み 苦手《にがて》なこと	
希望月収《きぼうげっしゅう》	円《えん》
就労後《しゅうろうご》の生活《せいかつ》設計《せっけい》・自立計画《じりつけいかく》	

©2018株式会社ヒューマン・コメディ　3/4　Chance!! Vol.19　51

『Chance!!』の専用履歴書には、過去の犯罪歴や再犯についての考えを記す欄がついている。©株式会社ヒューマン・コメディ

雇用って慈善事業ではなく会社の利益のためなので……、客観的に見て、それはちょっとマイナスになってるんじゃないかということも、廣瀬さんにはよくあります。言わないけど、心配になったりはしていますね。

——廣瀬さんが失敗を恐れないのは、メンタルの強さからくるんでしょうか？

三宅　私は廣瀬さんが特別にメンタルが強いとは思いません。泣きながら電話をいただいたこ

キリトリ線

【非行歴《ひこうれき》・犯行歴《はんこうれき》】

①今回《こんかい》/直近《ちょっきん》の事件《じけん》について

罪名《ざいめい》			
懲役《ちょうえき》	年《ねん》　ヵ月《げつ》	満期日《まんきび》	西暦《せいれき》　年《ねん》　月《がつ》　日《にち》
収容年数《しゅうようねんすう》	(記入時《きにゅうじ》)：　年《ねん》　ヵ月《げつ》		
刑歴《けいれき》	□初犯《しょはん》　□再犯《さいはん》（入所回数《にゅうしょかいすう》：今回《こんかい》を含《ふく》め　回《かい》）		
刑務作業《けいむさぎょう》の内容《ないよう》と役職《やくしょく》・係《かかり》			
懲罰《ちょうばつ》の回数《かいすう》と内容《ないよう》	回《かい》 内容《ないよう》：（　）		
仮釈放期間《かりしゃくほうきかん》	□未定《みてい》　□予定《よてい》（　ヵ月《げつ》）		

②今回《こんかい》/直近《ちょっきん》の事件《じけん》の内容《ないよう》・背景《はいけい》・きっかけ

③それ以前《いぜん》の犯罪歴《はんざいれき》・処分歴《しょぶんれき》（すべてご記入《きにゅう》ください）

犯罪歴《はんざいれき》（罪名《ざいめい》と処分歴《しょぶんれき》）	記入例《きにゅうれい》　①21才、窃盗、不起訴　②26才、傷害、執行猶予1年　③29才、詐欺、実刑2年、山形刑務所　など
更生保護《こうせいほご》施設歴《しせつれき》	施設名《しせつめい》　： 退所理由《たいしょりゆう》：

©2018株式会社ヒューマン・コメディ　2/4　Chance!! Vol.19

50

とが何度かあります。ただ、やるって決めたことに対して、自分の言葉に責任を持とうとする覚悟がすごい。普通の人はそれがなかなかできないと思います。

三宅さんに何かあったら……

（ここで、じっと聞いていた廣瀬が参加）

廣瀬　三宅さんに相談するのは、切羽詰まったとき、自分を見失いかけたとき、自分自身の力ではどうにもならないとき、判断に迷いが出たときですね。的確な答えがもらえるんです。内助の功って言うか。あれ、身内じゃないのに変？

三宅　身内のようなものですね。

廣瀬　相談に対する答えって、だいたい予想がつくものだけど、この人だけはそうじゃない。もちろん、その答えによって解決策が見つかるとはかぎらないよね。だけど、私が間違った判断をしたとしても、三宅さんは否定も肯定もせずに、彼女なりの考え方を示してくれます。おまけに、「廣瀬さん

応募者からのびっしり書かれた手紙が、面接に出向く決め手となることも多い。

が困ったら私は相談に乗りますよ、いつでも電話くださいね」と言ってくれるんです。

三宅　私が電話を受けたときは、「よくぞ私を思い出して電話してくれました!!」という気持ちなんです（笑）。

――たとえばどんな相談をするんですか？

廣瀬　最近だと、信頼していた社員に裏切られて自暴自棄になってしまったときかな。夜中に三宅さんに電話して、泣き言を並べてしまった。私、普段は従業員や後輩の前で絶対泣かないんですが、三宅さんだと素直に泣けちゃう。

――廣瀬さんにとっての精神安定剤みたいな人なんですね。

廣瀬　でも、それだけじゃないんですよ。そのとき、私はとにかく頭にきているわけです。もう、どうなってもいい、タダじゃおかねえ、何もかも失うかもしれないけど相手が憎くてしょうがない。電話の相手が、あいつが許せない、刑務所に戻ってもいいからヤッちゃうかとなっているとき、聞いてる人ってどうしますか？

――止めるよね。早まるんじゃないと。

廣瀬 「そんなことしたら人生台なしだよ、娘はどうなるの」と言われますよね。三宅さんは違うんです。「自分がどうなるかわかりません。私が刑務所に入ったら、中から手紙を書いてもいいですか」とボロンボロン泣きながら聞いたら、「いいですよ。待ってます」ですから、すげーなと思った。おいおい、止めないのかよと逆に冷静になれたりしてね。切羽詰まっているのを察してとことんつきあってくれて、私が「ありがとう、三宅さん」と言うまで二時間、自分から電話を切ろうとしなかった。あのことばがなかったら自分は危うかったといまでも思うし、紋切型にならない、三宅さんのような支え方を私も見習いたい。

三宅 もちろん、刑務所に行ってほしいわけではないから自分の意見も伝えるんだけど、まずは気持ちを受け止めることに努めてます。その間に、「どう話したら落ち着いてくれるかな」と全力で考える（笑）。でも、信頼して話してくれることが嬉しいし、お互いさま。私も廣瀬さんに相談させていただくこともあると思います。

――廣瀬さん、待ってましたとなるでしょうね。

廣瀬 もちろん。この前も、ある問題児が三宅さんのことをバカにするようなことを言ったんで「テメエふざけんじゃねえぞこの野郎」って超キレた。うちの従業員も「社長、あいつはぶっ飛ばしたほうがいい」と。

――すぐに穏やかじゃないほうに向かうなあ。でも、そうか。『Chance!!』を見て大伸にきた従業員たちも三宅さんに感謝しているんですね。

廣瀬 「三宅さんに何かあったら立ち上がらないと社長らしくないからね」と言われています。「その

「廣瀬さんはいつも本気。あきらめないのがすごい」

「三宅さんに何かあったら私が黙ってないからね(笑)」

ときはわかってるよ」と私も答える。

三宅 この本が映画化されたら、ベタな感じで私が誘拐される場面を作りましょう（笑）。

廣瀬 みんなで救いに行くぜ。ユンボに乗ってバール持って。暴走族ならバイクと鉄パイプだけど、建設会社だからユンボとバールね（笑）。

――誘拐はともかく、ふたりの分厚い信頼関係は、聞いていてうらやましくなります。なんだかいい話になってきちゃったな。

廣瀬 いい話。まいったねぇ。

――つけ足しておくと、三宅さんにも悪かった時期があって、バイクの無免許運転で補導されたりしたんですよね。暴走族に入りたかったけど、自分の地区にはなくて、なり方がわからなかった。そういう環境が整っていたらどうなっていたかわからない。

三宅 いや、もう本当にそう。やるとなればとことんいく性格なんで。

廣瀬 三宅さんは運が良かっただけです。逮捕なんていうのは運、不運なの。だけど補導で済んだおかげで、私たちの出会いも生まれた。

三宅 乾杯しましょう。今日は飲む気満々で駅前に宿を取りましたよ（笑）。

4 私の日常は非日常

宴会の夜

食事や寮のほかに、廣瀬が力を入れているのは社員旅行やバーベキューなどのレクリエーション活動だ。みんなが顔を合わせる機会を増やすことはアットホームな雰囲気づくりの近道。社員同士が親しくなれば、仕事のコミュニケーションも円滑になり、トラブルを未然に防ぐ効果がある。福利厚生の一環ではあるけれど、廣瀬自身もイベントを楽しみにし、従業員の家族を招待し、一体感を高める工夫を欠かさない。

「宴会をするので、きませんか。北尾さんとカンゴローさんをみんなに紹介しておきたいので」

廣瀬のところへ通い始めて数カ月たった頃だろうか、飲み会に顔を出すことになった。早めに社員に顔を覚えてもらい、警戒心を解いてもらえば取材がしやすくなるという廣瀬の気遣いだ。

まず挨拶。僕は自己紹介と取材への協力依頼をして席に着いた。しかし座はシーンとしている。みんなの関心がカンゴローに集中しているからだ。

「今日の宴会も撮影させていただきますので、メイクするならいまのうちです。写りたくない人は私に『撮るんじゃねーぞ』と優しく声をかけてください」

カンゴローの挨拶がてらの撮影依頼はやんやの喝采を浴びることになった。

この日の参加者は従業員の家族も含め四〇名ほど。廣瀬の娘など子どもの姿も交じって、いかにもなごやかな宴会だ。思わず「理想的ですね」と話しかけると、いたずらっぽい表情で廣瀬が答える。

「本当にそうだよね。二時間後、どうなっているかは私にもわからないけど」

飲み会は、新しく入ってきた従業員の紹介の場にもなっていて、この日は三名が紹介された。コワモテの面々にじろじろ見られて緊張のためうまく喋れなくなると、廣瀬がカバーに入って入社の経緯を補捉。挨拶後には常務の鎌倉がすかさず動いて、今後仕事で同じチームになりそうなメンバーのそばに誘導する。

ふたり目までは穏やかだった場の空気が変わったのは、三人目に吉田（仮名）が立ったときだった。吉田は数カ月前まで大伸に在籍していた出戻り組なのだ。仕事に嫌気がさしてやめたものの行く当てがなく、つまらない詐欺事件を起こしたため、廣瀬が身元引受人となって再雇用したという。

「根はいい子だから今度こそ長続きするんじゃないかと思ってるんです。うちの連中には吉田を裏切り者扱いする人間もいるから、一所懸命働いて信用を築いていかないとね」

廣瀬が心配するように、吉田がおどけた挨拶をしても笑う者はほとんどいない。前途多難だが、本人はそういう状況に慣れているのか、先輩の席へ行くこともなくニコニコしながら箸を動かしているのだった。吉田よ、それはどうなんだ。

乾杯の発声からしばらくすると、カンゴローを招く声があちこちから聞こえ始めた。「モデルになってやろうか」「プロの機材を見せてくれ」……、カメラマンは人気者だ。一方の僕は、近くの人と会話しながら全体の様子を観察。常務なのに銚子《ちょうし》を持って席をまわり、酒を注いだり話しかけたりしてマメにコミュニケーションを図ろうとしている鎌倉に感心していた。

そのとき、気づいたのである。〝廣瀬の息子〟原田が、油断なく座敷全体をチェックしていることに。彼は酒を飲まないから、酔っぱらいのケンカが起きたときの仲裁役なのか。そういうタイプでもないか。お調子者が騒いだら表に連れ出す役かもしれない。

「多士済々でおもしろいね。さすが廣瀬さんの部下というか、いまどきこんなに礼儀正しい若者がいたのかと思うようなことば遣いをする子もいるよ」

ひとまわりして戻ってきたカンゴローが、料理に手を伸ばす。

「だけど、ぶっちぎりですごいのは廣瀬さんの娘だな。小学生なのに、従業員を相手に『この酔っぱらい、まじめにしなさい』と説教してる。態度が板についているからいつもそうなんだと思う」

この日のハイライトは廣瀬の誕生日祝い。一時間ほど経過したところで派手に飾りつけられたケーキが運び込まれた。用意したのは従業員の家族たちのようだ。

「みんな、ありがとう」

子どもたちが集まり、廣瀬がロウソクを吹き消すと歓声が上がる。このまま終われば模範的な宴会だったのだが……。

宴もたけなわとなる頃、すっかりできあがった従業員が廣瀬に絡《から》みだした。仕事の不満でも訴えているのかと思いきや、ヤクザの事務所にいたときの自分がいかに大物だったかをアピールしているようだ。声もどんどん大きくなり、どうやら酒癖が悪いようだが、いつものことなのか、彼女は適当に相槌《あいづち》を打って聞き流している。と、今度は怒鳴り始めるではないか。

「そろそろ一発やらせてくれてもいいだろう」

子どももいるというのに趣味が悪いと思ったが、あながち冗談でもないらしく、「やらせろ」と連発。抱きつかんばかりに接近している。原田が顔をしかめ、いつでも立ち上がれるように態勢を変えた。ほかにも数人、目を光らせている若手がいる。

誕生日祝いに、特大バースデーケーキと共に贈られた特大花束。

社員たちに感謝のスピーチ。普段は見せない涙が、ついあふれてしまった。

「あんた、ずいぶん飲んだね」

さりげなく廣瀬がたしなめ、いったん座が収まった。見守っていた面々も再び飲み始める。とりあえず黙認ということだろう。

落ち着いたところで、僕とカンゴローは先に辞すことにした。車内での話題は、下品なことばを浴びせられても冷静沈着な彼女の対応や、あの程度では大問題にならない社風についてだ。一般的な会社であんなセクハラ発言をしたらクビが飛ぶ。


この話には後日談がある。我々が引き揚げてしばらくすると、またしても「やらせろ」としつこく絡んできたので、面倒になった廣瀬は焼酎のボトルをどんと置いたという。

「私と飲み比べして勝ったらやらせてやるよ」

「本当か、約束だぞ」

「二言《にごん》はねえよ」

「よし、酒をよこせ」

従業員はボトルを掲げ、ラッパ飲みをする。グビッ、グビッ、グビッ。三口含んだところで動きが止まり、漫画みたいな勢いで嘔吐物が噴出。そのまま倒れてしまったのだそうだ。

「たいして酒も強くないから飲ませてつぶしちゃえと思ったのよ。仕事はできるし、悪いやつじゃないんだけど、酔うと虚勢を張っちゃうんだね。もし賭けに負けたら？　私、お酒強いから、あいつは限界まで飲んでべろべろになる。それじゃ使い物にならないでしょ、ははは。まあ、ケンカも起きず平和な飲み会でした」

信じてみよう、許してみよう

「うちで働いてもらうのは可能だと考えていますが、ご家族が納得されないようなら、無理しないほうがいいんじゃないですか」

前科のある青年とその家族（兄、父、祖母）が就職の相談にやってきたので、録音や撮影をしない条件で見せてもらった。青年は働きたがっているが、家族はどうしたものかと迷っている。とくに兄が反対していて首を縦に振らない。いったい何のためにここまできたのかと思ってしまうが、この状態で雇えばもめ事になりかねないと察した廣瀬は、いら立つそぶりも見せず、根気良く相手の判断を待つ態勢だ。

青年は以前から、『Chance!!』で知った大伸で働きたがっていて連絡を受けたこともある。だが刑務所を出るとすぐ犯罪に走って入所することを繰り返したため叶わず、本人は今度こそと意気込んでいた。家族も同席すると聞いたときは、廣瀬も前向きだったが、どうも様子がおかしい。兄は青年にこれ以上迷惑をかけられたくないから、働かずに実家でおとなしくしていてほしいと考えているようなのだ。

「お兄さんが工場勤務なら、会社に頼んで弟さんを雇うことはできませんか。監督もしやすいと思いますけどどうですか」

尋ねても、それはできないという返事。自分で弟の面倒を見る気はないが、大伸で働かせるのも嫌だということか。話は先に進まず、帰って相談してもらうことになった。

「あの子は家族とうまくいかずに孤立しているんじゃないかな。どう思う？」

廣瀬の問いに同席していた鎌倉が首を横に振る。

ある日の面接風景。廣瀬はていねいに会社や仕事のことを説明し、面接相手の話に耳を傾ける。

「兄さんを怖がっているから説得できないでしょう。できたと本人が言っても俺は反対」

わざわざ時間を割いたかいもなく不採用が決定。それでも廣瀬はさばさばしている。

「縁がなかったってことかな。これをきっかけに、あの子が自立を真剣に考えるようになったり、家族で話し合って解決法を探ってくれればいいんです」

『Chance!!』に掲載するようになってから、大伸にはいろんな出所者がやってくるようになった。それ以前から数えたら、のべ五〇名かそれ以上。今後、満期や仮出所になれば入社予定の人もたくさん控えている。

〝私は見捨てない、見放さない〟を信じ、人生を再スタートさせるべく仕事に励み、定着してくれる従業員も一定数いて、僕らとも顔なじみになってきた。犯罪歴から普段の生活ぶり、社長の印象まであっけらかんと話してくれる彼らと接していると、この会社の風通しの良さを感じる。出所者のひとりは、大伸にきてからの自身の変化をこう語った。

「過去を問わず、がんばれば評価してくれるのが好きですね。怒るとおっかないけど、明美さんは優しいですよ。短期でやめていくやつもいるけど、自分はここで稼いでいこうと思ってます」

会社になじみ、仲間を増やし、恋人ができたり結婚したり、地に足の着いた生活をする社員がいる一方で、トラブルを起こしてしまう従業員もいるのはこれまでにも触れてきた。多いのは覚せい剤の再使用だが、ほかにはどんな例があるのか廣瀬に教えてもらった。

「印象に残るといえば出所者の受け入れ前にいたアル中。ひどかったなあ。常に酔っぱらっているし、仕事も全然できない。人とうまくやれず友だちもできず、社員旅行に連れていけば酔っぱらってケンカを売ってはやられる。反省してますと言うんだけど、何も変わらない。いくら私が訴えても心に響かなかった。お母さんは売春婦なんですけど、子どもの前でセックスしたりするヤバい人。私は何度もお母さんとケンカになったんだけど、人としての心がなくなっちゃってるような親で、その子も壊れちゃってたんだと思う。どうにもできず悔しかった」

出所者のトラブルメーカーは？

「会社の幹部に、誰が一番大変だったか尋ねると必ず出るのが元ヤクザのU。私が腹に据えかねて『出ていけ』と言うと『社長に捨てられたら行くとこない、おらぁやめないよ』と泣くんだけど、ところかまわずナンパして迷惑をかけ、恐喝や傷害、詐欺でも捕まってばかりいる。うちにいたのは半年間。従業員の弱い子を脅していじめ、バレると『社長に言ったな』とまたいじめを繰り返した。仕事に行けば『俺は○組の若い衆だ』とはったりをかますし、そりゃ私も怒りますよ」

Uは大仲をやめた三日後に監禁・傷害の罪で逮捕されたという。廣瀬が見捨てず再雇用すると今度は自衛隊に乗り込んで「音がうるせえんだこの野郎、金よこせ」とやって業務妨害と恐喝で御用。

再雇用については社員たちからもよく反対される。温情をかけがちなのは自分でもわかっているけれど、原田をはじめとする成功例が、見限ることをためらわせるのだ。「裏切られることもしょっちゅうなのに、よくやるね」と言われたときには、「もっとすごいのがいっぱいいたから」と笑うことにしている。

「私はいつも、ここであきらめちゃいけない、もうちょっと信じてみよう、許してみようとしてきました。その気持ちは年々強くなっているんです。やり直そうとがんばっている従業員を見ているからですよ。昔と違ってホメられたりもするけど、私がえらいんじゃない。従業員ががんばってくれるから、私も悪いことをしないでいられる」

いつものように、自分を戒《いまし》める言葉で締めくくった。それを聞くたびに、彼女は出所者の雇用という、人も自分も生かすことのできる天職を見つけたのだなと思わされる。

「弟みたいにつきあっていた後輩が、懲役三〇年で旭川刑務所に服役していて、私が身元引受人。彼は現場にはいなかったけど、強盗殺人事件の指示を出した主犯です。でも本人は『いざとなったら殺せなんて指示していない。信じてほしい』と言っているのね。だから『私が生きているかぎりは待っている。六五歳で出てくるとして、そのときにうちで使えるくらい運動して、ゴミ拾いや鉄筋拾い、水撒きのできる身体でいろよ』と励ましてます。でも、三〇年は長いなー。会社、どうなってるかわからないよ」

初めての講演

諸般の事情で口座を作れない社員もいる大伸の給料は現金払い。給料日になると、廣瀬は事務の女性たちと事務所に詰め、仕事を終えてやってくる従業員たちを待つ。やけに薄い給料袋は、前借りがかさんだ従業員の分だ。

「前借り?　いいけど、スロットばかりしてちゃダメだかんね」

事務所にある宇都宮保護観察所長からの感謝状。「あの廣瀬が……」なのである。

夕方になると会議室に人が集まってきて、手渡しで給料が配られる。

「腰の具合はどう？　無理は禁物だよ」

「また借金してないだろうね。スロットしてもいいけど、ほどほどにしなよ」

〝母ちゃん〟にくぎを刺されながらも、この日ばかりはみんなの機嫌が良く、カンゴローがカメラを向けても誰も顔をそむけない。給料を受け取っても帰ろうとしないのは一杯やる相手を探しているというより、気持ちにゆとりができて雑談が楽しいからだろう。

「社長、ちょっとお願いできませんかね」

給料日なのに前借りを申し出る従業員には、廣瀬も苦笑いだ。

「いいけどさ、そろそろ立て直していこうね」

月に一度、全員と会うことのできる給料日は、社員の動向を知るために重要な日となっている。気にしているのは健康状態や人間関係。新人が現場で役に立てているかどうか、チームを変えるほうがいいのか、仕事に嫌気がさしている従業員はいないか、夫婦仲は良好なのか、飛び交う会話から探っているのがわかった。

なかでも神経をとがらせるのが社内の人間関係だ。大小問わず、組織に派閥はつきもの。ギスギスしそうな気配を放っておくとトラブルにつながりかねない。防ぎきることはできなくても、察知していれば傷が浅くて済む。

なるほどと思ったのは、社長としてではなく、〝母ちゃん〟として注ぐ愛情が嫉妬の原因になるという話。とくにみんなのいるところでは、特定の誰かと親しくしすぎるのはまずいのだ。だから、廣瀬は一定の距離を保ち、分けへだてなくつきあう。

第4章　私は決して見捨てない

二〇二〇年一〇月五日、ついに廣瀬の積み重ねた実績が評価される日がきた。地元の更生保護団体が主催する、宇都宮駅前の公共施設を使った集まりで講演を依頼されたのである。永遠に続くかと思われた過去からの呪縛が解かれる日。二〇分の持ち時間をつつがなく喋ることができるように原稿を作り、準備万端で晴れ舞台に臨むはずだったが……。

開始三〇分前、会場に着くとロビーに廣瀬がいた。挨拶しようと近づくと力なく手を振る。

「警察沙汰があって一睡もしてないんですよ。疲れているように見えますか？」

夕べ、寮の前で社員の関係したケンカ騒ぎがあり、パトカーが出動する事態になってしまった。そのため、睡眠時間が取れないまま朝を迎え、仕事面の調整をしているうちに家を出る時間がきた。百戦錬磨だけに、ケンカの始末も現場に出る人間の確保も終わらせているとのこと。廣瀬がただひとつ気にしているのは、目の下にうっすら浮かんだクマのようだ。

「うまく撮っておくからご心配なく」

カンゴローに励まされてやっと笑顔になる。

「気にするポイントが写真うつりってところが廣瀬さんらしいよね」

打ち合わせのため会場入りする廣瀬を見送り、会場の隅に陣取った。来賓の挨拶が終わり、出番が来る。

「私は更生保護女性会の会員でもあり、協力雇用主をしております、株式会社大伸ワークサポートの廣瀬伸恵と申します。弊社は設立して一〇年目に入りました。現在の従業員数は三六名。そのうち前科があるのは二七名おります。全身入れ墨で覆われた者もおりますが、死ぬ気でヤクザをやってきたからこそ、覚悟を持ってきっぱりと足を洗っていて、本当にまじめによく働いてくれています」

出所者の更生に関心を持つ来客も、受け入れ事業者の話を聞いたことはないのだろう。自己紹介が

廣瀬の話し方と、講演内容には聞く人たちが思わず引き込まれる。

てら語られる経歴から出所者の受け入れに力を入れる理由まで、自分のことばで語りかける廣瀬の声に聞き入っているのが手に取るようにわかる。

更生に成功した従業員のこと、相撲部屋のおかみさんになったつもりで食事を作っていること、自宅を開放する一方で警備保障会社と契約したり防犯カメラを設置したりしていること。さらに、成功例だけにとどまらず、失敗談も披露する。更生意欲が乏しい者、また犯罪に手を染める者、同僚とトラブルを起こす者。そこから地元の保護司会が助けになってきたとつなぐ。

「保護司さんからは、犯罪の再発防止を考えているんだけど、犯罪をやめるには当事者の力が必要だから『これからもみんなにおいしいご飯を作ってやってくれよ』と大量の野菜を差し入れしていただくこともあります。地域の方々の協力や支えがあるからこそ、私は協力雇用主を続けていられるんだなと、日々感謝の気持ちを忘れず活動させていただいております」

最後まで実感のこもった全力スピーチに大きな拍手が起きる。

濃密な二〇分間を体験し、感無量になっているオヤジたちのところへ廣瀬がやってきた。

「緊張しちゃった。私の声、通ってました？」

「真っすぐに通っていました、大したものです」と言おうとしたら、返事を待たず電話をかけ始める。

「私だけど、そっち大丈夫かなあ。あ、そう。警察はもう終わってる。私は帰るから、なんかあったら連絡よろしく。はいはい、じゃあね」

余韻を楽しむ前に現実と闘う、社長の横顔がそこにあった。

5 面会ツアー

日本で一番、受刑者に会った小学生

廣瀬に連絡すると、出張に出ていることがときどきある。現場の仕事ではなく受刑者の面接。採用に関することは社長の仕事と決めているのだ。初期は関東一円の少年院や刑務所に限られていたが、『Chance!!』に広告を掲載するようになってからは、全国から応募がくるようになったため、北海道や東北、東海にまで範囲が広がった。なるべく効率良くまわれるように、一週間ほどの面接ツアーを年に何度か組んでいる。

大伸が募集しているのは、解体工事、土木工事、鳶《とび》工事の男性スタッフで、出所まで三年を切った時点で応募可。未経験者でも応募可能と条件はゆるくしている。また、同誌の求人欄には〈業務の内容上、採用が難しい罪状〉が記されていて、大伸では「重度の性犯罪、凶悪犯罪（内容による）、児童虐待」が不可とされている。企業によっては再犯確率の高い薬物が不可だったり、罪状がクリアできても「長ズボンを着用した状態で入れ墨が見える位置にある方」がダメだったり、逆に「過去は問わない。どんな方でもＯＫ」なところもあるなどさまざまだ。

募集される職種はどの号を見ても建設作業員が群を抜き、残りも自動車板金、塗装、造園、土木、運送ドライバーなど現場仕事がほとんど。一般企業に広がっているとは言いがたい、協力雇用主の偏

った分布がうかがえる。

「間違いなく、日本で一番受刑者に会っている小学生だと思います。すごいですよ、うちの娘。受刑者に向かって『悪いことしちゃダメでしょ』と説教しますから。私が言えば煙たがられることも、子どもなら角《かど》が立たない。仕方なく連れていくんだけど、なかなかいい仕事をします」

宴会で大人を叱り飛ばす姿がサマになっていたのを思いだす。

「出所者が多くを占める会社で、彼らに囲まれて育っている子だから物おじしないの。娘がいることで私は母親役に徹することができ、家庭的な雰囲気が自然に生まれる良さもある。どういうふうに育っていくか、怖くもあるけど楽しみのほうが大きい」

ところで、わざわざ面接に行ったはいいが、採用すべきか断るべきかで迷うことはないのだろうか。

「よくしたもので、事前のやり取りでおおよその見当がつくようになって、こちらから断る事例は減ってきました。でも、最近もありましたね。うちは性犯罪と虐待はダメなんだけど、同性に対しての強制わいせつで捕まった受刑者がいたので、興味が湧いて会いにいった。そうしたら……」

応募者はサラリーマン風の三二歳。一七歳から毎年のように捕まっていて、女性には関心がなく、一二歳以下の男児専門に盗撮する男だった。なぜ大伸なのかと尋ねると、「就労支援を受けて応募を繰り返しているが採用されず、刑務所仲間から大伸なら可能性があると聞いた」という。

「うちには小学生の娘がいて、お友だちが遊びに来たとき何かあったら、私はこの仕事をやれなくなるし、住むこともできなくなるけど大丈夫かと訊いたら『うーん』と黙り込んじゃった。ダメだこりゃ」

刑務所では専用のプログラムで治療を受けることもできるが、治る保証はどこにもない。荒くれ者にはめっぽう強い廣瀬も、病的な性犯罪者が相手では力を発揮できそうになかった。

「覚せい剤なら自分の体験に加えて専門家と話す機会も多いので、寂しいのかなとか、孤立させてはいけないとか、対処法がわかるから、うちの従業員たちに止められても採用できる。けれど、性犯罪者はまったく専門外で理解もできない。そういう人を雇ってはいけないと思いました」

面会ツアーでは一〇名前後に会う。採用するのが六、七名としても、三年もすれば毎月ひとりやふたりは出所してくるようになる。人数に見合う仕事を用意できないと人があぶれてしまうが、地道にやってきた成果なのか、東京オリンピック後も受注は減っていない。

どんなに力を尽くしても定着しない人はそれなりにいて、なんとなくバランスが取れている。挨拶もなくどこかへ消えてしまうやつ、事件を起こすやつ、信頼を裏切るやつ……。

でも、出所者受け入れとはそういうものだと廣瀬は納得してもいる。慣れたくはないけど、去る者を追ったところでうまくいかない。そういえば、初めて自宅を訪れたときカンゴローをびっくりさせた前歯のない従業員も、いつの間にか姿を消した。それでも時計の針は止まらない。仕事は今日も忙しく、夕方になれば手作りの料理は男たちの胃袋をがっちりつかむのだ。

「たいして儲からないけど、もりもり食べてくれて、問題発生となれば明け方まで真剣に話し合えるメンバーがいて、幸せかなって思うときがある」

従業員に慕われ、出所者に感謝され、心の中でちょっと鼻高々になってしまう廣瀬は『魔罹啞』総長の頃と同じく自己満足しているだけかもしれない。だけど、間違いなく再犯者を減らせているなら、それでもいいではないか。

松本少年刑務所で待ち合わせ

二〇二一年一〇月某日、面会ツアー中の廣瀬母娘、原田と、長野県の松本少年刑務所前で待ち合わせた。

初日に栃木県栃木市で一名と神奈川県の横浜市で二名、二日目は山梨県の甲府市で一名会ってから愛知県名古屋市へ移動、三日目に名古屋で三名、四日目を名古屋城などの観光にあて、五日目の今日は長野県松本市で一名。計八名の応募者に会うツアーの雰囲気だけでも知りたくて、僕は一年半前まで住んでいた松本に駆けつけたのである。

駐車場に車を停めて待つこと数分、廣瀬から電話がきた。分乗していては話もできないから、社用車にこないかという。

「ごくろうさまです」

面会だからだろう、運転席の原田はいつものジーンズにTシャツ姿とは打って変わり、黒のスーツで決めている。廣瀬もシックな服装だが、トレードマークの厚底サンダルはいつも通りだ。

「今回はとてもいい感じです。昨日はオフにして名古屋に三泊したから移動疲れが少ない。ドライブばかりだと娘が退屈するからね」

たまたま原田のスケジュールが空いていて同行できたのも良かった。廣瀬の娘は無口なこの男と仲が良いのだ。

成果もあって半数以上に採用の見込みが立った。とくに横浜が会心だったらしい。

「横浜の担当官がうちのことを知っていて、応募者について電話したら『坂井（仮名）に面接してくださるんですか』と喜んでくれたのね。一〇回目の服役で、すべて覚せい剤だから、どの企業からも反応がなかったんだって」

廣瀬によると履歴書には、〈刑務所をどう思っていますか〉の項目に、彼女ができたので今度こそクスリを絶ちたい。その彼女は現在、栃木刑務所に服役中だと書かれているそうだ。

「私、こないだ彼女に面会してきたのね。そうしたら彼女も同じ気持ちでいるし、もうクスリはやめて彼と一緒になりたい。この気持ちは変わりませんって。しかも、彼女もうちで働きたいと言ってくれた。彼女はもうすぐ出所。出たら迎えにくるから連絡してと名刺を渡してきた」

人情派の廣瀬が、いかにも心をくすぐられそうな話である。

「ははは、そうなのよ。彼女の言うことが本当なら、ふたりそろってクスリをやめられる可能性があると思う。彼女にはいまは養護施設に預けている子どもがいるみたいで、その子を引き取って一所懸命やっていきたいという状況が、私の過去とかぶったんだよね」

覚せい剤だけに、本気だからやめられるとはかぎらず、周囲の協力が大切だが、大伸では幾多の失敗経験から覚せい剤への警戒感も高まっている。かんたんに買ったり打ったりできない環境が整っているのだ。ラストチャンスを与えてくれと乞われて断ったら、なんのために出所者を受け入れているのかわからなくなる。それでもクスリに溺れる者が現れ、「だからシャブ中は嫌なんだ」と従業員に責められたとしても、ここで彼らを突き放す自分ではいたくなかった。

「ただし、先に出てくる彼女があなたを待っている保証はないから、そこまでは責任を取れませんよと坂井さんには言うつもりですけどね」

松本少年刑務所にいる応募者も気になっていて、会う前から採用決定のつもりで面接すると大乗り気である。犯行の動機が廣瀬の琴線《きんせん》に触れるのだ。

「その子はカタギなんだけど、兄のように慕っていた人が組の抗争か何かで殺されてしまい、かたきを討とうとして、刃物で殺したやつを襲ったのね。容疑は殺人未遂。内容が、なるほどねと思うじゃない」

いや、事情はそうだとしても殺そうとするのはいかんだろう。

「そうですか。たぶん私、自分が姉のように慕っている人が殺されたら同じことをやりかねない人間だから、彼の気持ちがわかる気がする」

僕は少年が刃物を振りまわしたことにとらわれているが、廣瀬は自分などどうなってもいいと相手に向かっていった少年の気持ちに注目しているのだ。今回は裏目に出てしまったものの、汚《けが》れのない心の持ち主なら立ち直れると思い、大伸を志願してくれたことに縁さえ感じているに違いない。

話しているうちに面会の時刻が迫ってきた。受刑者に会うのは廣瀬と原田。僕と廣瀬の娘は車内で留守番だ。

「あーあ、つまんない」

そうだよね。原田の兄ちゃんまで行っちゃって、車内にいてもすることがないのだ。しりとりとか興味ないよね？

娘はスマホでゲームを始めた。僕とぎこちない会話をするよりそっちがいいに決まっている。どんなゲームをしているんだろう。

「これだよ。知ってる？」

まったく知らない。僕を哀れむように見つめると、娘はゲームに集中し始めた。

ツアーは続く、これからも

車内の後部シートには、届いた郵便物が、応募者ごとに整理されている。履歴書とは別に、自己紹介やいまの気持ち、更生への誓いや反省をしたためた手紙が、『Chance!!』の三宅を経由して廣瀬に届くのだ。採用を願っての売り込みではあるが、廣瀬がどういう人物かを想像しながらの慎重な文面が多いという。廣瀬に選ばれただけあって、冷やかすような手紙は一通もなく、履歴書の書き込み欄にもぎっしりと文字が書き込まれているらしい。

受刑者が懸命に書いたであろう、外の世界と自分とをつなぐ希望の糸の先っぽをつかみ、大勢の応募者から、廣瀬は彼らを選んだ。信じてみたくなったのだ。

廣瀬の真似《まね》はできないが、僕も差出人の何人かに会ってみたくなった。廣瀬の家で会う大伸の人と顔なじみになるにつれ、自分の中にあった出所者への偏見は少しずつなくなっているように思う。

三〇分ほどして、面会を終えたふたりが戻ってきた。廣瀬を見れば、尋ねるまでもなく手ごたえ十分だったことがわかる。感情を表に出さない原田も、まんざらでもない顔をしているところを見ると、採用は決定したも同然だろう。

これにて今回のツアーは終了。今夜は白骨温泉《しらほね》で疲れを取るという。ぜひそうしてほしい。敷地内で従業員が何人も暮らす自宅では、現場のない日も雑務が発生してしまう。休むことと親子水入らずの時間が一致することが、オンとオフの切り替えが苦手な廣瀬を休ませるための最善策なのだ。

車に戻った廣瀬はすぐに電話をかけ始め、トラブルを抱え込んでいる従業員に指示を出した。

「わざとやったんじゃないのはわかる。私のほうからも連絡を入れておくから心配すんなって。明日には帰って、細かいことは私のほうでやるよ」

栃木なまりで一見きつい印象だが、相手が理解するまで根気良く説明している。ただし、理解しきれないところはサポートしなければ事態が収まらないようだ。

「任せられるところは任せていきたいんだけどなあ」

電話を切った廣瀬が小さくため息をつく。

生活の糧《かて》を得るために売人時代の貯金をはたき、元夫と共同で立ち上げた大伸は、いくつかのピンチをくぐり抜けて地元に根を張ることができた。ここ数年は出所者受け入れによって、当初は考えもしなかった社会貢献というやりがいも見つかった。社長業と子育ての両立も自分なりにこなしている。しかし、彼女が一週間のツアーに出るだけで、会社は少しのトラブルにもうろたえてしまう。組織としてはまだ弱々しく、ワンマン企業のままだ。

「いつまでも私が社長でいるのはどうかな、と思うんです。あと数年はいい感じでやれそうだけど、ずっとこのままじゃいられないよね。私だって体力的にきつくなってくるのが目に見えている。更年期にもなってくるでしょう。それに、夢っていうか、私にはやりたいことがあるんですよ」

何かが一段落したかと思ったら、つぎの展開になる。ずっと話を聞いている僕にしてみれば、いまさら驚くようなことでもない。これまでとは違う意気込みを感じたのは、〝夢〟という言葉がふいに出てきたからである。彼女はいつでもいまを全力で突っ走る現実派だった。その人の描く夢が、ファンタジーのような実体のないものだとは思えない。

ひとつ心当たりがある。廣瀬との会話にときどき出てくる将来の目標だ。ほかの話をしているとき唐突に出てくるのであとまわしになり、そのうち話題が変わってしまうため、突っ込んで聞いたことがなかった。もしもそうだとしたら、別れ際の数分間で片づけられるとは思えない。日を改めてじっくり聞こうと決めた。

廣瀬の〝夢〟とは何なのか。しばらくしてカンゴローと会い、コーヒーを飲みながらお互いが聞きかじった断片をつなぎ合わせてみたら輪郭が浮かんできた。九分九厘、これで間違いないだろう。

「取材を始めたときには、こんなことになろうとは想像もしなかった。あの人はそこまできたのか、と思うよ」

広い家で孤独な時間を過ごしていた少女時代から廣瀬の人生をたどってきた我々は、壮絶な体験談に身震いし、いかにして彼女がそこから抜けだし、経営者となり、人員不足を解決するために出所者を雇い入れるようになったかを聞いてきた。その努力が報われた講演会は、ひとまずのピークといって良かった。ところが、まだ先があるようなのだ。

「夢が現実へと動きだしたと思える瞬間がきっとくる。そうなったら廣瀬さんに会いに行こう」

長々と話し込んで、席を立つ。カップに残ったコーヒーはすっかり冷めてしまっていた。

6 〝夢〟に向かって走れ

そのときがやってきたのを、二カ月後、廣瀬からの電話で知った。近況を訪ねると、弾《はず》んだ声でこんな答えが返ってきたのである。

「前々からいい物件が出るチャンスを狙っていて、たまたま近所に手頃な値段で出たので、ビジネスホテルだった建物を土地ごと買いました。二階建てで一三室。一階にはリビングになるスペースとカウンターがあり、管理人室も作ることができる絶好の物件。古いので手を入れなければならないんだけど、部屋数などの条件を満たしているので、更生保護施設（自立準備ホーム）を作る夢の実現に向かって動きだせそうです」

内容はカンゴローと話していたことと近かったが、ビジネスホテルを買ったところに本気度の高さと慎重さの両面がうかがえる。内装のリフォームを施して住める状態にし、とりあえずは社員寮として使うと言っていたからだ。

更生保護施設は法務大臣の認可がないと運営できないので、それ一本で突き進むとダメな場合にどうしようもなくなるのである。大伸ではすでに数棟のアパートを買い取って社員寮にしているが、個室完備の寮がひとつ増えても困ることはない。

さて、廣瀬が夢だという更生保護施設とはいったいどんな施設なのか。少し長くなるが、法務省のサイトを参考に説明しておこう。

大伸のように、出所者の雇い入れに力を入れる企業はまだ少なく、刑務所を出ても仕事はおろか住む場所さえない出所者が大勢いる。それが再犯につながることも多いことから、行き場のない人たちを一定の期間保護し、自立のための指導を行う専門の職員が配備された、社会復帰を助ける居場所が作られることになった。それが更生保護施設で、全国区に一〇三カ所ある（令和四年八月一日現在）。

カンタンに言えば、自立のための一時的な宿泊場所ということになるだろう。似たような施設として自立準備ホームがあり、こちらは、あらかじめ保護観察所に登録されたNPO法人、社会福祉法人などが、それぞれの特徴を生かして自立に向けた生活指導などを行う。

いずれも、生活できる期間は二〜三カ月間程度で、ずっと住めるわけではないけれど、職員たちのサポートを受けながら再スタートの準備ができるのだから、行く当てのない出所者にとってはありがたいシステムだ。もちろん家賃などは払う必要はなく、事業者には国から、ひとり当たりいくらというように一定額が支払われる。

一読して想像されるのは、更生保護施設や自立準備ホームを運営する側が、この事業で大きな利益を上げることはできないということだ。入居者はそれなりにいるだろうから経営難になる可能性は少ないとしても、そもそも営利を追求する仕組みにはなっていない。入所者も、人生に前向きな人や、そこでのルールを守ってくれる従順な人ばかりではないはず。大伸がそうであるように、トラブルだって起きると思う。

廣瀬はこれまでも、たくさんの出所者を雇い入れ、できるかぎり彼らをサポートしてきた。僕もその一部を目の当たりにし、彼女が彼らを使い捨ての駒《こま》だなんて思わずにつきあっているのを見ている。心を入れ替えてがんばるにしろ、仕事や人間関係になじめず歯向かうにしろ、全力でぶつかってくる彼らを受け止め、一緒に笑い、泣き、ときには闘う。

それだけで十分忙しいのに、さらに新しいことをやろうとするなんて……。

大伸は営利企業として成り立っているし、出所者を雇うことが人材確保にもつながっている。定着してくれれば、出所者にとっても会社にとってもめでたい。だが、利益を追求できない社会福祉事業は、そこが根本的に違うのだ。この人はいったい何を追い求めているのだろう。カンゴローと一緒に廣瀬を訪ねた僕は、まずそこを知りたかった。

「会社を作った当初はなんとか生活していきたいと思っていただけで、たまたまヤンチャな子が多く集まってきて、この子たちの親代わりになろうと思ったんですよね。その後、協力雇用主制度を知り、受け入れを始めた。いろんな子がいて、いろんな事が起こって、少しは人の役に立てたかな、とは思う。でも、ほんの一部なんだよね。働かせてやりたくても、建設業では無理な子もいるじゃないですか。全員を受け入れられるわけじゃない。企業としてはそれでいいんだろうけど、『そんなふうに切り捨てていいの?』と悩む自分がいる。だから私、やっているうちに思うようになったの。もっと広く、出所者を受け入れる自分なりの仕組みを作りたいって」

そうか、廣瀬が思い描いているのは、〝人を見捨てない〟というポリシーを貫くことのできるビジネスモデルなのだ。元犯罪者が生きづらい社会の中で、どうしようもない境遇へ追い込まれた人が、少しの間だけでも精神の安定を保てる場所を用意して社会復帰を手伝う。そのためにもっとも適した手段が、更生保護施設や自立準備ホームの運営なのである。

「大伸でできることには限界がある。この先を考えると、行く当てのない出所者をサポートするための場所が欲しいと思うようになったのね。でも、そんなの淡い夢だよと思ってた。会社をどうするというのもあるし、基準を満たす施設やスタッフを自前で用意しなくちゃいけない。審査もきびしくて、申請書類だけでも積んだら何センチにもなるくらいなんです」

潤沢な資金がないと始められないが、とてもそんな余裕はない。

「ところが、私って社員から『社長はケチだ』と言われているように、あまり無駄遣いしないんですよ。やりたくても金がないとあきらめていたんだけど、貯金がたまってきたの、ははは」

会社が成長することで金融機関の信用もついてきて、資金調達もしやすくなってきた。大伸の受け入れ状況や廣瀬の本気ぶりを見てきた地元の社会福祉関係の人たちからも、協力を得られそうな雰囲気がある。

私の夢、もしかすると叶うかも……。

「現実感が出てきたんだ。それにしてもよくビジネスホテルに目をつけましたよね。鉄筋建築で、コンパクトサイズの部屋がたくさんある」

カンゴローが今回の物件に話を振ると、社員寮にするためにアパートを買ってきた成果が出たのだと廣瀬がにんまりした。

「お世話になっている不動産業者が、いい物件が出ると教えてくれるようになったのね。で、ビジネスホテルがありますがどうですかと言われて見に行った。これは私以外に買う人いねぇべと思った。業者は私がケチだと知っているので、値段交渉もしやすかった」

予算内まで値が下がったところで、よっしゃと即決。最大のネックだった、基準を満たす物件が入手できた。

すでに内装工事の手はずも整ったという。各部屋にバストイレつきの建物を作るのは大変だが、ホテルならそれが標準装備だから費用も抑えられ、いいこと尽《ず》くめ。

実現したら、入居者にとって最大の目標となるであろう仕事探しにも尽力するつもりだ。これまでに培ってきた仕事やプライベートの人脈をフル稼働させて仕事先を紹介したい。健康な肉体と働く意思の持ち主なら、大伸も受け皿のひとつにできる。

「大変なことのように思う人がいるかもしれないけど、私にしてみたら、知り合いに声をかけてお願いしてみるとか、自分にできることをやるだけなんです」

いいことも悪いことも含めて、廣瀬がこれまでにしてきたことが生かされるのだ。人生に無駄なことなんかないんだなぁ。これまでにも感じてきたことを、僕はまたしても思い知らされた。

当然、入居者のすべてが仕事を得て、明るい顔で施設を去っていくことなどありえない。全力を尽くしたからといって報われる保証はどこにもない。トラブルも起きる。間違いない。でも、それがなんだというのだ。三度の食事のようにトラブルと関わってきた廣瀬はそんなことにおじけづいたりしない。

人間関係のはかなさも、誰より知っている。わかり合えたと思う社員が、ある日突然会社をやめたり、覚せい剤に手を出したりすることはザラにある。でも、信じる気持ちを失ったらおしまいだ。そんなことでめげていたら、母ちゃん役は務まらない。人生は、やるか、やらないか。やるほうを選択したら、いちいち後ろを振り向かないことだ。

「更生保護施設や自立支援準備ホームと並行して、あるいはそっちが無理なら、一階のリビングを開放して子ども食堂をやるのもいいと思っているんです。必要としている家庭があるはずなんですよ。それに、そういうことをすれば、うちの娘のためにもなるでしょう」

これまで書いてきたように、離婚して以降はとくに、廣瀬はわが子だけでなく社員たちの母親役もこなすようになった。自宅の一階部分は社員たちが自由に出入りするスペース。娘は常に大人たちに囲まれて育ってきた。

「特殊な環境ですよね。前にも言ったかもしれないけれど私も気になって、娘に聞いたことがあるんです。『ママとふたりだけで過ごすのと、みんなと一緒にいるのとどっちがいい？』。私とふたりがいいと言われたら、社員に家で夕食を食べさせるのとかもやめようと決めてね。そうしたら『みんなと一緒がいいに決まってるでしょ』と言ってくれて安心したんですけど、寂しい思いをさせてきた負い目は感じてます。子ども食堂をやりたいのは、罪滅《ほろ》ぼしの気持ちがあるからかな」

新しい事業をスタートさせたら、会社の運営をどう変えるのか。それも聞いておきたいことだった。大伸は廣瀬のガッツと手腕でここまできた会社だからだ。出所者の受け入れひとつとっても、廣瀬でなければできそうにない。

「そうなんですよね。自分がずっと社長でいるイメージはないんだけど、新しいことを始めたら時期が早まる可能性はあります。といって、完全に離れることもできないだろうから、私は会長かな」

それがいい。社員の食事を作る会長なんて聞いたことがないのだ。むしろ代役がいなくて社員が困るのは社長ではなく〝みんなの母ちゃん〟のほうなのである。

聞いている僕は、行き急ぐように人生の駒を先へ先へと進める廣瀬に圧倒されるばかりだ。社会貢献を口にするのは、功成り名を遂げたリタイア組の得意技なのに、平均寿命の半分にも満たない彼女はすでに人生の仕上げに入っているのか。

いや、そんなことはないだろう。これまでの事業も、新しい事業も、まとめて面倒を見ながら局面を切り開いていくのが廣瀬の流儀だ。この三年間、僕が目撃したのは絶え間なく変化する彼女の人生の一部にすぎない。僕はここで筆をおくことにするが、五年後に会っても一〇年後に会っても、廣瀬のたたずまいは変わることがなく、最新の感動話と最新のトラブルをたっぷり聞かせてくれるだろう。

かつて、栃木の不良なら知らぬ者のなかった『魔罹啞』の明美。彼女の特攻服に、どんな文字が刺繍されていたかは本人も憶えていないと言う。でも、僕はこう思う。普通の服を着るようになったいまでも、彼女は透明な特攻服をまとい、降りかかる難題に立ち向かっているのだ、と。タイマンなら、いつでも張る用意はできている。

透明な特攻服の背中に刺繍されているのは、たとえばこんなことばだ。

「人生上等！」

おわりに

僕にとって、ひとりの人物を軸にした書き下ろし長編ノンフィクションの執筆は、長年温めていた願いだった。だから、廣瀬伸恵という人に出会い、強烈に惹かれている自分を発見したとき、「くるべき時がきた」と思った。話を聞くために、あるいは撮影をするために、廣瀬の自宅へ通う日々。目まぐるしく代わる社員の顔触れ、絶え間なく起きるトラブル。肝の据わった廣瀬のことばに毎回驚かされながら、取材メモやインタビューのデータが順調にたまっていく。

廣瀬の人生はジェットコースター並みに波瀾万丈で、途中からは同一人物とは思えないような変化を遂げる。話は明快。正直で、優しくて、そして強い。起きたことをそのまま記録するだけで一冊の本ができそうだ。

ところが、いざ書きだそうとするとさっぱり進まない。出だしの部分を書いては消しているうちに数カ月たってしまった。集中できていないのだろうと、ビジネスホテルにこもってみてもうまくいかない。廣瀬という傑物は自分の手には負えないんじゃないか。まるで駆け出し時代に戻ったように、文章ってカンタンじゃないんだなと思ったりした。

絶不調を脱出できたのは、取材が終盤にさしかかる頃から僕の様子がおかしいと感じていた、撮影を担当した中川カンゴローのおかげである。

「長編だからと肩に力が入りすぎてない？　いつもの調子でやって、おもしろい本を作ろう。そうだ、俺が自分で焙煎《ばいせん》したコーヒーをプレゼントするよ。大丈夫、これ飲んだら書ける」

そのひと言で、魔法が解けたように書けるようになった。あれほど苦しかった執筆の時間が、寝るのも惜しいほど楽しくなってくる。その間、僕はずっと思っていた。自分は、元レディース総長だった『魔羅啞』の明美が、社会貢献に目覚めつつ人生のコースを変えて『聖母マリア』になっていく物語を書いているのだ、と。


おずおずと取材を申し込んだ僕に、その場で「いいですよ」と答え、多忙の中を面倒がるそぶりも見せることなく全面協力をしていただいた本書の主役、〝明美〟こと廣瀬伸恵さんに感謝します。こうして本になったけれど、一九七八年生まれの彼女の人生はむしろこれからが本番。思いがけない展開の連続になりそうで目が離せません。どこまで我が道を貫いていくのか、ますます楽しみです。

㈱大伸ワークサポートのみなさんにも、撮影やインタビューその他でお世話になりました。口にはださないけれど、出所者だからという目で見られて嫌な思いをすることもあるでしょう。汗をかき、働いて稼ぎ、再犯のない人生を歩んでください。快く話を聞かせてくれた『魔羅啞』の後輩たち、「すごい人がいますよ」と僕に教えてくれ、インタビューのために（廣瀬さんと飲みあかすためか）栃木まで駆けつけてくれた『Chance!!』の三宅晶子編集長、ありがとうございました。

友人であり撮影担当でもある中川カンゴローと、集英社インターナショナルの河井好見さんには、この本は書きあがるのかと心配させてしまいました。生みの苦しみ、終わってみれば良い経験だったと強がっておきます。

最後に読者諸氏へ。本書を手にしていただき、ありがとうございます。僕が廣瀬さんと会うたびに元気になったように、本書を読んでなんだかスカッとした気持ちになってもらえたら嬉しいです。彼女の真似はできなくても、出所者たちの再出発を応援する気持ちになってもらえれば、さらに。

二〇二二年　晩秋　　北尾トロ

主要参考文献

・『覚醒剤アンダーグラウンド 日本の覚醒剤流通の全てを知り尽くした男』（高木瑞穂 彩図社 二〇二一）
・『薬物とセックス』（溝口 敦 新潮新書 二〇一六）
・〈ヤンチャな子ら〉のエスノグラフィー ヤンキーの生活世界を描き出す』（知念渉 青弓社 二〇一八）
・『前科者経営者 どん底からの逆転人生』（高山 敦 プレジデント社 二〇一八）
・『女子刑務所 知られざる世界』（外山ひとみ 中央公論新社 二〇一三）
・『女子刑務所ライフ！』（中野瑠美 イースト・プレス 二〇一八）
・『極道と覚せい剤と刑務所と僕 僕が背負った罪と罰』（佐藤 快 リーブル出版 二〇二〇）
・『凶悪犯罪者こそ更生します』（岡本茂樹 新潮新書 二〇一四）
・『ヤンキーメイト』（ヤンキーメイト制作委員会 ギャンビット 二〇一九）
・『ヤンキーと地元 解体屋、風俗経営者、ヤミ業者になった沖縄の若者たち』（打越正行 筑摩書房 二〇一九）
・『最新建設業界の動向とカラクリがよ〜くわかる本（第四版）』（阿部 守 秀和システム 二〇二〇）
・季刊『Chance!!』（ヒューマン・コメディ 二〇一八〜二〇二二）

撮影
中川カンゴロー
写真提供
廣瀬伸恵
装画
トミイマサコ
装丁
アルビレオ

北尾トロ

きたお とろ

ノンフィクション作家。1958年、福岡県生まれ。世の中の面白い現象をいちはやく紹介している。2000年代初頭より裁判の傍聴を始め、『裁判長！ここは懲役4年でどうすか』（文春文庫）など多数の裁判傍聴記を執筆。2014年より町中華探検隊を結成。猟師としても活動中。著書に『夕陽に赤い町中華』（集英社インターナショナル）、『犬と歩けばワンダフル』（集英社）、『猟師になりたい！』（角川文庫）など多数。

中川カンゴロー

なかがわ かんごろー

写真家。1953年岐阜県生まれ。カブラギスタジオ、東急エージェンシーを経てフリーランスに。1988年有限会社カンゴロー事務所を設立、主宰。2005年坂ノ上スタジオ（撮影用キッチンスタジオ）オープン。料理本、雑誌、PR誌等で「人」と「食」の撮影を中心に幅広く活動。写真集に『うちの子に生まれてくれてありがとう』（パロル舎）、写真を担当した北尾トロの本に『彼女たちの愛し方』（ザマサダ）など多数。

人《じん》生《せい》上《じょう》等《とう》！ 未《み》来《らい》なら変《か》えられる

2023年2月8日　第1刷発行

著　者　北尾《きたお》トロ

発行者　岩瀬 朗

発行所　株式会社 集英社インターナショナル
〒101-0064 東京都千代田区神田猿楽町1-5-18
電話：03-5211-2632

発売所　株式会社 集英社
〒101－8050 東京都千代田区一ツ橋2-5-10
電話：読者係 03-3230-6080
販売部 03-3230-6393（書店専用）

印刷所　大日本印刷株式会社

製本所　株式会社ブックアート

ISBN 978-4-7976-7423-1 C0095